历史上没整明白的那些事

◎王意如 著

文匯出版社

前 言

《论语·季氏》记载：孔鲤看见父亲孔子独自一人站立庭中，就快步上前想跟父亲谈话。孔子先问："读了《诗经》没有？"孔鲤回答说："还没有。"孔夫子便说："不学《诗》，无以言。"这话从今天的角度来理解，就是说，没有一定的文化积淀，将不能自立于社会。中华民族有五千年的悠久历史，在这漫漫的历史长河中，激荡着无数让人心动的故事。这些历史上的要事、趣事、逸事，或通过史家之笔，或经由百姓之口，代代相传，成为我们民族文化的一个重要组成部分。对这些一无所知，就会像尚未读过《诗经》的孔鲤一样，让有修养的人觉得无法与你交谈。

但是，这些或轰动一时，或流传百世的传说中，却夹杂着大量不实之词。这些事情中有不少纯属子虚乌有，有的则是张冠李戴，或者捕风捉影、以讹传讹。战国时的哲学家韩非曾经举过一个例子：郢人写信给燕的相国，因为是晚上，看不太清楚，于是就对边上拿蜡烛的人说："举烛。"一边说着，一边随手不自觉地把"举烛"两个字写到了信纸上。燕相国收到信后非常高兴，说："举烛，就是要明亮的意思；要明亮，就是要推举贤人啊。"他把这个意思告诉燕王，燕王也很高兴。燕国还因为任用贤人而大治(《韩非子·外储说左上》)。《吕氏春秋·察传》中则记载了这样一件事:有个读历史的人,说:"晋师三豕涉河。"子夏一听就说:"不对,应该是'己亥'。'己'与'三'相似,'豕'与'亥'相似。"后来到晋国一问,果然是己亥渡的河。类似这种郢书燕说、鲁鱼亥豕的事情在我们的生活中经常发生。只因长期以来人们口口相传,谎言于是变成了真理,很少有人对此产生怀疑。

其实,历史上没整明白的事多了。大部分的历史事件和历史人物,从本质上来说,都是"传言"而已。只不过有的比较严肃,相对可靠,我们称之为"正史";有的就等而下之了。更为值得注意的是:在正史中的也未必都是真相,在野史中的也未必就荒谬。斯人已逝,斯事已去,我们只能根据现有的资料揣摩个大概而已。

在这些历史上没整明白的事中,有相当一部分包含着正义、善良等因素,可以说是美丽的谎言,我们也打算还其真实,毕竟,真的才是美的;至于人们善良的心愿,我们将在行文中指出,以保留这一份善意。

目 录

壹 先秦

孔子故事的真真伪伪

孔子是中国古代最重要的思想家，他所创建的儒家学说长期以来一直是我们民族文化的核心内容。鲁迅在杂文《在现代中国的孔夫子》中，称孔子为“摩登圣人”，并说孔子做定了“摩登圣人”是死了以后的事情，活着的时候却是颇吃苦头的。查一下历史，鲁迅的话倒是十分准确。从汉平帝开始，历朝历代的统治者不断给予孔子封号：汉平帝元始五年（公元 5 年），封孔子为褒成宣尼公；北魏教帝太和十六年（公元 492 年），封孔子为文圣尼父；隋文帝开皇元年（公元 581 年），封孔子为先师尼父；唐玄宗开元二十七年（公元 739 年），封孔子为文宣王；宋真宗大中祥符元年（公元 1008 年），封孔子为圣文宣王；元武帝大德十一年（公元 1307 年），封孔子为大成至圣文宣王；

孔 子

明世宗嘉靖八年(公元1529年),封孔子为至圣先师;清世宗顺治三年(公元1646年),封孔子为大成至圣文宣先师。如此一路"摩登",绵延千年,史所罕见,孔子在中国的重要地位可见一斑。然而,正因为孔子重要,关于孔子的各种说法也就漫天飞舞起来,里面真真假假,很值得一辨。

很多人说,孔子首创了中国的"私学"。在孔子之前的周代,有所谓"国学",学的是礼、乐、射、御、书、数"六艺"。孔子17岁的时候,鲁大夫孟釐子的儿子懿子就听从父亲的教诲,和鲁人南宫敬叔一起去跟孔子学礼,也即古人所谓"孔子十七即有弟子"。后来孔子"以诗书礼乐教",弟子有3 000之多,其中"身通六艺者",有72人。他的弟子以四类分,即所谓"孔门四科":德行、言语、政事、文学。因此人们尊孔子为教师的先祖。在台湾师范大学,就恭恭敬敬地立着一尊孔子的塑像。但也有人认为,中国的"私学"早已有之,并不是孔子首创。

《史记》等史料记载,公元前675年,周王朝发生亲王之间争夺王位的事,掌握文史资料典籍的官员跟着亲王奔波,造成大量资料流出周王室,分散到诸侯各国。由于文史资料和文史人员的大扩散,出现了"官学失守"、诸侯各自为学为教的局面,即"私学"出现。换句话说,早在孔子诞生前一百年左右,中国就有"私学"了。孔子到处求官不行,没法子,他这才开始了以私学为生计的日子。说孔子"首创",与历史不符。

孔子的教育方针中,有一条很著名的原则,叫作"有教无类",用现在的话来说,就是人人都有接受教育的权利。在孔子那儿,只要交纳十条束修(也就是干肉),即可入学,而不管

你是贵族与否。这真是教育平等吗？有人又举出了反证。说当时能拿出一条干肉就是很奢侈的生活了，能拿十条干肉出来的，只有奴隶主贵族和他们的商贾。有了学费这道坎儿，平等教育仍是空话一句。

关于孔子的外貌，鲁迅的印象中“是一位很瘦的老头子”，现在所有可见的孔子画像以及影视剧中孔子的形象，也都是清癯的。但翻翻史籍，孔子外貌上的最大特点却不是瘦，而是高。《史记·孔子世家》记载，孔子身长九尺有六寸。古代的尺比现在要短一些，而且基本上是越往前越短。《三国演义》中，刘备身高七尺五寸，张飞身高八尺，关羽九尺。《水浒传》中的宋江，身高六尺，被称作“身矮”，刘备七尺五寸，应该是中等个头，张飞更高一点，关羽则应该是大高个，而孔子比关羽还要高六寸，即使把彼时尺更短的因素考虑在内，他也应该非常高。难怪司马迁记载：“人皆谓之长人而异之。”如果孔子不是非同一般的高，人们是不会感到奇怪并送他一个“长人”的绰号的。

庄子的妻子是个坏女人吗?

庄子是先秦时期道家学派的代表人物，中国古代杰出的思想家。可是，他的妻子田氏在老百姓的心目中却不大光彩。事情的起因在于庄子和妻子的一次闲聊。庄子说，妇人水性，丈夫死了必定是急着要改嫁的；田氏却说未必，自己就是能守节的人。只因为庄周还活着，两人也分不出谁对谁错。不想过了不久，庄周果然病重，一命呜呼。田氏哭哭啼啼地守着孝。到了第七天上，忽然来了个少年秀士，自称楚国王孙，说是向年曾与庄周有约，欲拜在门下，今特地登门求教。见庄子已死，楚王孙不胜惋惜，提出在庄子家暂住百日，一来为老师守孝，二来

庄　子

得观老师遗著。田氏见楚王孙一表人才，产生了爱慕之情，一来二去，与他仓促成婚。合卺之时，楚王孙忽然心疼难忍，说是必得要活人脑髓和着热酒吞下方可治愈。平日里犯病，总是楚王选一死囚来取脑髓。眼下无人可取，看着就要死去。田氏救王孙心切，听说不出七七四十九天的死人脑髓也可以用，便拿着斧头想劈开棺材，取庄周的脑髓为楚王孙治病。这时，庄周突然复生，田氏羞愧难当，自尽而死。这个故事，由于传统剧目《大劈棺》（又叫《蝴蝶梦》）的演出而广为流传。京剧、徽剧、汉剧、秦腔、河北梆子等剧种都有这个剧目。故事中有荒诞的内容，当然不可相信，但庄子的妻子到底是不是个坏女人，倒是有案可查。《庄子·至乐》中载："庄子妻死，惠子吊之。庄子则方箕踞鼓盆而歌。惠子曰：'与人居，长子老身，死不哭，亦足矣；又鼓盆而歌，不亦甚乎？'庄子曰：'不然。是其始死也，我独何能无概然？察其始而本无生；非徒无生也，而本无形；非徒无形也，而本无气。杂乎芒芴之间，变而有气；气变而有形；形变而有生；今又变而之死，是相与为春秋冬夏四时行也。人且偃然寝于巨室，而我嗷嗷然随而哭之，自以为不通乎命。故止也。'"

《至乐》属《庄子》外篇，为庄周的弟子后学所写，离庄子比较近，应该有相当的可信度。这里提到的惠子，名惠施，也是战国时期的哲学家，是庄子的朋友。从这里的记载来看，庄子之妻毫无异常死亡的痕迹。如果有了先前所说的那些事情，她自杀身亡，那么，即使庄子箕踞鼓盆而歌，惠子也没什么好指责的。就算惠子不知其情吧，庄子的回答也完全合情合理。他首先说，"是其始死也，我独何能无概然？"庄子用的是反问句，也就是说，妻子刚离世的时候，他还是感到很悲痛的。但后来他对人的生命历程做了一番思索，他觉得人的生命就像春秋冬夏四季一样，总有一个变化的过程；既然生命可以从无到有，那么它也就会从有到无。把个体生命看作是宇宙漫长生物链中的一个环节，那就不必为之哀伤哭泣了。从这儿不难看出，庄子是非常通达的人，很善于对宇宙人生作一种宏观的思考。像他这样的人，会行小心眼儿，试探妻子对自己忠还是不忠，简直是不可想象的。

那么，关于庄子的妻子是个坏女人的故事来自什么地方呢？关键在于“鼓盆而歌”这四个字。盆是一种敞口的瓦器，古人也用它做乐器。在《史记·廉颇蔺相如列传》中有一个很有名的故事，叫“渑池会”。说蔺相如陪同赵王在渑池与秦王会见。在喝酒喝得很酣畅的时候，秦王对赵王说：“我听说您喜欢音乐，您用瑟演奏一曲吧。”赵王正在鼓瑟，秦国的史官就上前来写道：“某年某月某日，秦王和赵王一起喝酒，命令赵王鼓瑟。”蔺相如见秦国的人轻辱赵王，立即走上前说：“赵王听说秦王善于演奏秦国的音乐，我把这些盛酒的瓦器给您，您也为赵王表演一下吧。”蔺相如这里提到的瓦器，就叫“盆缶”，秦人也把它作为乐器的。庄子“鼓盆而歌”，就是一边唱歌，一边拍打着瓦盆，为自己伴奏。这和死了人以后的哀伤气氛的确不大合拍，所以惠子才提出了自己的疑问。尽管庄子很好地解释了自己的动机，但对于他的反常行为，老百姓还是选择了世俗化的解释。就是说，庄子鼓盆而歌，说明他不悲伤；他不悲伤，说明他与妻子不恩爱；不恩爱，说明他妻子做了对不起他的事。庄子对生命的严肃思考，就这样被编排成了一个庸俗的故事。这个故事不仅让庄子的妻子蒙羞，其实也玷辱了庄子的形象。1950 年，文化部曾宣布应组织人员对《大劈棺》进行修改，并规定“在未改好前，全国各地均应暂予停演”。从这个故事本身的内容来看，舍弃它是完全应该的。

《孙子兵法》是谁写的?

《孙子兵法》,又称《孙子》《吴孙子兵法》《孙武兵法》,是我国古代重要的军事著作,也是中国现存最早的兵书。《孙子兵法》的存在有两方面的佐证:一方面是史书的记载。司马迁的《史记·孙子吴起列传》记载,孙武以兵法见吴王阖闾,吴王说:"子之十三篇,吾尽观之矣。"班固的《汉书·艺文志》著录《吴孙子兵法》82篇,图9卷。唐代文人杜牧称:"孙武书数十万言,魏武削其繁剩,笔其精粹成此书。"另一方面,是出土的实物。1972年4月10日,山东临沂县银雀山西汉墓发现《孙子兵法》残简,并有《吴问》等佚文。今存本13篇。从上述史料看,关于《孙子兵法》的篇数有13篇、82篇等不同的说法,但其作

孙 武

者是孙武，一般没有问题。《史记》还记载了孙子替吴王练兵的故事：

吴王问孙子：“你的兵法可以操演吗？”孙子回答说：“可以。”吴王又问：“可以用女人来操演吗？”孙子也说可以。于是就在宫中选了 180 个宫女，分为两队，让吴王宠爱的两个美人分别当队长。孙子教了她们一些简单的口令和动作，然后开始操练。那些宫女笑得前仰后合，根本不听口令。孙子说：约束不了自己的部下，是将领的罪过。三令五申后，那些宫女仍然嘻嘻哈哈，孙子就要杀了那两个当队长的。吴王急忙来求情，说：“我已经知道您擅长带兵了，我没有这两个美人，饭都吃不下，请不要杀她们吧。”孙子说：“我既然已经受命为将军，将在军，君令有所不受。”到底还是杀了那两个美人，另换了两人当队长，重新开始操练。这一次，一切都中规中矩，再没有人敢嬉笑喧哗了。

然而，从北宋开始，就有学者对孙武撰写《孙子兵法》表示怀疑。北宋文人梅尧臣、清代文人姚鼐以及近代学者梁启超，都认为《孙子兵法》是“战国相倾之说”。

那么，究竟谁是《孙子兵法》的作者呢？《史记》的作者司马迁在写给任安的书信中提到：“孙子膑脚，兵法修列。”也就是说，在中国历史上，还有一位撰写兵书的古代军事家，这位“孙子”是受过膑刑的。在《史记·孙子吴起列传》中，司马迁说他是孙武的后世子孙，在孙武死后百余年出生。孙膑有个同学，名字叫庞涓，曾经和他一起学习兵法。庞涓在魏国当了惠王将军，深知自己的才能比不上孙膑，暗中让人把孙膑找来，断了他的双足，还在他脸上刺了字，希望他不能见人，永远隐居。后来，齐国的使者到魏国来，孙膑以刑余之人的身份私下去见齐国使者。一番交谈后，齐使认为他很有才能，就把他藏在车中，偷偷带回了齐国。孙膑到了齐国，先是帮助齐将田忌赛马，显现出自己的才干；又在魏国攻打赵国、赵国前来求援的时候，给田忌出了“围魏救赵”的点子；最后在与庞涓的决战中，使用“减灶计”，在马陵道消灭了庞涓。在山东临沂银雀山出土的文物中，有《孙膑兵法》16 篇。有专家认为，孙武和孙膑其实是同一个人，“武”是他的名字，而“膑”是他受了断足的膑刑后自称的，或别人叫他的绰号。所以，《孙子兵法》一书，作者是孙武，也就是孙膑。不仅中国的学者，日本的学者中也有持这一观点的。

也有人认为，“武”就是“伍”，也就是伍子胥，他才是《孙子兵法》的作者。

更有甚者，认为根本不存在孙武这个人和《孙子兵法》这部书。公元 1200 年，南宋的军事研究者叶适断然下了一个结论：孙武并无其人，纯系辩士们妄造出来的偶像。他的根据是：如果孙武像世人传说的那样南服越人、西灭强楚、北威齐晋，为什么没有升为卿大夫？在举世公认的权威史书《左传》中，为什么没有记载孙武一字一句？叶适的观点在当时影响巨大，并且一直绵延至近代。

时至今日，出土文物已经证明了《孙子兵法》和《孙膑兵法》的同时存在，它们的著作权分属两个人，可能更符合实际情况。

有没有卧薪尝胆这回事?

说到发奋图强、刻苦自励，卧薪尝胆是我们常举的例子。可是也有人提出疑问：勾践真有“卧薪尝胆”的事吗？他们认为，在很多古籍中，都记载了吴越战争的事，但都没有勾践卧薪尝胆的叙述。“卧薪尝胆”这个成语出自北宋文学家苏轼，在《拟孙权答曹操书》中，苏轼发挥想象，戏说孙权“卧薪尝胆”，与勾践无关。这个说法到底对不对呢？应该说，一半对，一半不对。

说一半对，是因为在有的史籍中确实没有提“卧薪尝胆”的事。在《国语》里，关于勾践是这样记载的：

越王勾践被吴王夫差打败，退到会稽山上，向全国军队发布号令说：“我的父老兄弟百姓们，谁能出主意打败吴国，我就和他一同主持越国的朝政。”大夫文

越王勾践

种说:“我听说,商人在夏天就开始准备过冬用的裘皮,冬天则准备度夏用的麻布;旱的时候已经想到了船,涝的时候就想到了车,这都是为了防止到时候缺货。所以,即使没有邻国进攻,文臣武将也是必须培养和选拔在那儿的。就像蓑衣和斗笠,等下起雨来,就非用它不可了。现在您已经被困在会稽山上了,才想到要求谋臣,恐怕太晚了吧?”勾践回答说:“只要能听到您的高见,有什么太晚的?”于是,就派文种去向吴王求和,并买通了贪婪的吴国太宰嚭 ,使求和计划获得了成功。吴国退兵后,勾践一方面亲自给吴王夫差当马前卒,一方面在越国励精图治。终于,越国渐渐地强大起来,一举消灭了吴国。

《国语》中写了不少勾践振兴越国的措施,比如说,他认真处理战后事宜,埋葬那些战死的,慰问那些受伤的,让活下来的有养生之资。他也特别注意善待百姓,谁家有困难,他会去慰问;谁家有喜事,他会去祝贺;谁家有人离开,他会去送;谁家有人到来,他会去迎接。为了迅速改变战后人丁稀少的情况,他规定:有生育能力的人不能与没有生育能力的人结婚;女子 17 岁、男子 20 岁必须结婚。如果要生孩子了,由公家派医者看护,不论生男生女都有奖励。他自己则以身作则,不是自己耕种的粮食不吃,不是他夫人织出来的布他不穿。整整十年,不向百姓收税。但确实没有提到“卧薪尝胆”的事。所以我们说,讲古籍中没有勾践卧薪尝胆的事,并不是毫无根据的。但是,史书中也并非都没有提“卧薪尝胆”。至少“尝胆”的事在司马迁的《史记》中是有记载的:

《史记·越王勾践世家》写道:“吴既赦越,越王勾践反国,乃苦身焦思,置胆于坐。坐卧即仰胆。饮食亦尝胆也。

曰：汝忘会稽之耻耶?”所以，说史书中没有越王卧薪尝胆的事并不正确。

只是和后来的传说相比，史书上所记载的勾践故事就相形见绌了。南宋时，大量书籍都提到勾践卧薪尝胆，尤其是在小说和戏曲中。这些通俗的文艺形式很容易传布，勾践卧薪尝胆的事就被越来越多的人知道，并在流传的过程中变得越来越丰富复杂了。到明代文人梁辰鱼的手里，勾践的故事已经成了一幕四十五出的大戏。在这出名叫《浣纱记》的戏中，由西施担任了“女一号”，但勾践的戏也并不少。比如，戏中专门有一出，名叫《问疾》，讲的是勾践问疾尝粪的事：

战胜越国以后，夫差纵情享乐，耽于声色，弄了一身病。勾践进宫问安的时候，恰好宫人抬着吴王夫差用的便桶出来，勾践跪下来，恭恭敬敬地用手沾一点粪便放在嘴里，尝后说：“主公的病到己巳日就会痊愈，再到壬申月就全好了。”吴王听说后，亲自问勾践，勾践回答说：“我喜欢读药书，颇懂一点医道。凡人的粪便，须顺五谷的味道，违逆时气的就会死，顺时气的就能活。我刚才尝了尝大王的粪便，它的味道苦中带酸，正好应了春夏之气，所以我想，您在己巳日可以痊愈，到壬申月就全好了。”吴王听了非常感动，许诺说：“如果真像你所说的那样，我病好之日，就放你回国。”后来，吴王的病果然如勾践所言好了起来，吴王也不食言，将勾践放归故里。

这个问疾尝粪的故事，估计现代读者大多不会喜欢，但它是勾践卧薪尝胆的进一步发挥，而且它能引发我们对很多问题的思考。比如：站在勾践的立场，我们会感叹，一个人忍辱含垢，竟能到这样的地步，其意志力的坚强的确无与伦比；站在夫差的立场，我们会警觉，千万不要相信那些奴颜婢膝的人，卑贱的举动后面往往隐藏着不可告人的目的。不过，它的真实性是大可怀疑的，传说而已，不可当真。

总之，在吴越征战中，勾践忍辱负重，花了 22 年的时间终于东山再起，消灭了吴国，这是肯定的；也正是因为有这么一段经历，勾践在吴王夫差前来求和的时候虽然心有不忍，但最终还是拒绝了他，使吴王自杀身亡。至于这段历史当中的细节，不要说史书语焉不详，就是史书记载了，根据中国早期史书的特点，也不一定就可靠。我们只能姑妄听之，从中选取一些有益的东西罢了。

谁家美女叫西施?

说起西施，大家都知道她是美女，而且不是一般的美，是那种“淡妆浓抹总相宜”的美，美得自然，美得惊人。即使在不舒服、作痛苦状的时候，也照样美艳照人，害得她的邻居、可怜的爱美偏又不美的东施姑娘，搞错了形式和内容，贻下了千古笑柄。与“四大美女”中的其他三位相比，西施还有一个最大的好处，那就是她结局无比美好。貂蝉（如果真有其人的话）是苦命人，莫名其妙地当了一回政治斗争的工具，后来竟不知所终。杨玉环更惨，由她的心上人发布命令，赐三尺白绫，让她缢死在马嵬。王昭君算是幸运一点，好歹嫁了个人，也生儿育女了，但嫁得那么远，而且嫁给父子二人，对从小接受华夏文化的她来说，痛苦与否，就不得而知了。西施则不同。她虽然和貂蝉一样，也当了一回色情间谍，让吴王夫差在醉生梦死中丢了江山，但她的夫君并不在乎这个，事成之后，带着她一叶扁舟，逍遥江湖去了。而且和后来的许多官员一样，从政坛退下来的范蠡进入商界后一帆风顺，迅速致富，成了大名鼎鼎的陶朱公。西施晚年的生活是所有美和不美的女子都羡慕的。

然而，这只是出现在我们脑海中的西施，并不一定是真正的西施。真正的西施究竟是谁，还值得推敲一番。

管　仲

先秦诸子散文中，最早提及西施的是《管子》。《管子》这本书，相传是春秋时期齐国管仲所撰，尽管专家们一致认为是后人假托其名，但这部书所记叙的内容之古老却是没有疑义的。就是在这本古老的著作中讲到："毛嫱、西施，天下之美人也。"这个与西施齐名的毛嫱，庄子在《齐物论》里也讲到了，庄子说："毛嫱丽姬，人之所美也。"《战国策·齐策》中也提到过一个叫"毛廧"的美女。《韩非子》里，也西施、毛嫱并提，说："善毛啬、西施之美，无益吾面；用脂泽粉黛，则倍其初。"这里的"嫱""廧"和"啬"，应该是古人写同一个人的名字的不同写法。可见，西施和毛嫱在当时就是出了名的美女。但是，若较起真来，有关西施的种种就有些问题了。

首先，是西施到底有没有参与吴越之争的问题。著名的吴越之争发生在春秋后期。公元前 496 年，吴国攻打越国失败，吴王阖闾受伤而死。阖闾的儿子夫差做了国君，立志要向越国报仇。两年后，也就是公元前 494 年，吴军大破越军，越王勾践逃到会稽山上，向夫差求和。夫差允许越国作为吴国的属国而存在。勾践发奋图强，用十年的艰苦努力，完成了复国的准备。公元前 482 年，勾践向吴国发起进攻，终于在公元前 473 年灭了吴国。这一场残酷的政治斗争，本来不

关西施什么事。但偏偏有一些野史，如《吴越春秋》《越绝书》等，传言说，越王勾践为了消磨吴王夫差的意志，施行了美人计，而出演美人计的，就是西施。然而，既然在托名管仲的书中已经有了西施的名字，时间就有点不对了。管仲生活在春秋初期，公元前 645 年就去世了，而勾践去世在公元前 465 年，其间相距二百年有余，美人西施怎么也到不了勾践的手下，纵然她长寿有方，也不可能驻颜有术到这种地步吧？

其次，是西施的美好结局问题。在《史记》的“越王勾践世家”中，关于范蠡发财致富的过程写得明明白白，还清清楚楚地写到范蠡几个儿子以及他们的母亲，但就是没有说这个母亲就是出了名的大美人西施。相反，在《墨子》的“亲士”篇中提到，西施因为太美，结果被沉入江中，还评论说这是因为“太盛难守”。这大相径庭的两种说法只能说明一个问题，那就是：其实我们并不知道西施最后的结局。

范　蠡

那么，《管子》所说的西施、《庄子》所说的西施、《韩非子》所说的西施，到底是怎么回事呢？我们先来看看中国文学上的一个例子，或许就能想明白了。

汉代有一首著名的乐府诗，叫《陌上桑》，里面有个美丽的女子，名字叫罗敷。有趣的是，汉代的另一首著名乐府诗《古诗为焦仲卿作》，里面居然也个美女叫罗敷。是不是巧合呢？不是。《陌上桑》是这样叙述的：“秦氏有好女，自名为罗敷。”因为长得漂亮，就把自己叫作“罗敷”。原来，“罗敷”就是美女，美女就是“罗敷”。也许，最初的确有个美女叫罗敷，而后来罗敷就成了美女的代名词了。

西施很可能也是如此。春秋初期应该已经有个美女叫西施，而后来西施则成了美女的指代了。我们可以读一读《庄子》中关于西施的描写：

> 西施病心而矉其里，其里之丑人见而美之，归亦捧心而矉其里。其里之富人见之，坚闭门而不出；贫人见之，挈妻子而去走。

这显然不是真的事情。庄子是最喜欢用寓言来讲道理的，在他的著作中，寓言故事可以说比比皆是。在《庄子·杂篇·寓言》里，他自己说是“寓言十九，重言十七，卮言日出，和以天倪”。尽管他所说的“寓言”的含义与我们今天说的寓言不完全相同，但他喜欢用形象的故事来讲道理却是不争的事实。这里的西施显然是美女的代称，故事也显然是编造出来的，为的是说明我们后来讲的“东施效颦”的道理。

再看看先秦的史传，如《左传》《国语》等，它们都提到了勾践向吴王献美女之事，但并没有说美人就是西施；司马迁的《史记》也是如此。而在《孟子》、贾谊的《新书》、刘向的《说苑》、陆贾的《新语》以及淮南王刘安的《淮南子》中，西施就是一个美女而已。西施是美女，美女也就是西施，两者相互混淆，西施的故事就变得好看而不真实了。

端午节是纪念屈原吗?

农历五月初五,是传统的端午节,民俗有裹粽子、饮雄黄酒、龙舟竞渡、挂蒜头菖蒲、熏艾枝等等。其中,裹粽子和龙舟竞渡被解释为是为了纪念屈原。有人说,屈原自沉于汨罗江后,老百姓划着船去抢救他(或说捕捞他的尸体),于是,就有了龙舟竞渡 。还有人说,老百姓不愿长眠于汨罗江底的屈原饿着,于是把糯米、赤豆等用菰叶、芦叶或竹箬裹上,投入江底,让屈原饱食;也有的说,这些投下去的粽子是喂水中的蛟龙的,为的是不让它们由于饥饿而吞食屈原的尸体。甚至有人设想,屈原是被谋杀的:刺客在汨罗江上乘舟追杀,屈原则乘坐另一小舟夺路而逃,其场面惊心动魄,令人难忘——后来的赛龙舟就是人们用来隐喻当时激烈的追杀场面

屈　原

的;这场水上的生死角逐,最终以屈原的落败而告终,御用冷血杀手把他装进麻袋,捆紧了之后投入江心——后来的包粽子就是用来隐喻屈原被投入江中的悲惨事实。米饭象征他的肉体,粽叶(竹叶)象征装他的麻袋,粽丝象征捆扎他的绳索,而把粽子投入水中,则象征着屈原遭人溺毙的真相。总而言之,端午节与纪念屈原连在了一起。《襄阳风俗记》、南朝梁吴均的《续齐谐记》都有这方面的记载。20世纪40年代,中国文学家协会还把五月初五定为"诗人节"。

其实,端午的习俗并非起自纪念屈原,而是在屈原自沉之前就已经存在了。南朝梁的文人宗懔,就在他的笔记《荆楚岁时记》中就指出:竞渡是"东吴之俗,不关屈平也"。

端午的来历往上可以追溯到周代。周代忌讳"五"字。民间信仰认为五月为毒月,初五为毒日,有蛇、蜈蚣、蝎子、蜥蜴和癞蛤蟆"五毒"。此月多灾多难,甚至生孩子都会夭折,因此要在五月初五举行袚除活动。这种驱邪避疫的色彩,今天的端午节习俗中仍然看得见。比方说,饮雄黄酒。因为雄黄味苦辛,一般小孩子不愿喝雄黄酒,大人就在小孩子的额头上用雄黄书一"王"字,意味着这孩子是一头凶猛的老虎(老虎额上的皱纹类"王"字),蛇蝎百虫都不能伤害他。《山堂肆考·宫集》卷十一记载:古人"端午以艾为虎形,或剪彩为虎,粘艾叶以戴之"。这种艾做的老虎,古人叫"艾虎"。佩戴艾虎,就是希望借老虎的神威来驱邪避疫。在门上挂蒜头菖蒲之类也是避疫的意思。这些举动的实质是,人们在生活实践中发觉,农历五月时序已交夏令,蚊蝇孳生,百虫出洞。人的健康容易受到毒虫的侵害,所以想些办法出来防病强身。雄黄是一种矿物,中医用为解毒、杀虫药;蒜头含有大蒜

素，具有杀菌、抗滴虫作用，中医一直用蒜作为散寒化湿、杀虫解毒药；菖蒲和艾枝也都有驱虫作用。随着时间的流逝，端午作为一个节日固定下来，逐渐便有了喜庆的成分，这时候，已经到了六朝之后了。可见，端午节的形成是一个过程，这个过程中，各时、各地都会产生各种习俗，并赋予它不同的意义。纪念屈原，就是人们因为爱戴这位杰出的爱国主义诗人而加诸端午节的。

近来也有人提出，端午节不是为了纪念屈原，而是为了纪念伍子胥。主要依据是，东汉邯郸淳在《曹娥碑》上说，每年农历五月五日，浙江上虞人民要迎涛而上，迎接“伍君”，而所谓的“伍君”便是伍子胥。伍子胥虽然不像屈原那么有建树，但他功高被杀，难免叫人扼腕叹息，他又活动在吴地，吴地的人愿意把端午节和纪念伍子胥联系在一起，完全是可以理解的。从本质上说，这与楚地的人愿意把这一节日与纪念屈原联系在一起，是同样的道理。

伍子胥

荆轲刺秦王真相

“荆轲刺秦王”是一个中国老百姓耳熟能详的故事，据此，张艺谋还导演了电影《荆轲刺秦王》。但是，经过了电影的艺术加工后，这一段史实反而变得扑朔迷离起来。秦王和荆轲之间究竟发生了哪些事情，还是让我们先看看史籍上的记载。

首先，是秦王嬴政的身世问题。

传说秦王嬴政其实不是秦庄襄王的儿子，而是秦相吕不韦的儿子。庄襄王年轻时（那时的名字叫异人）作为人质留在赵国。他有二十多个弟兄，生母夏姬失宠，再加上秦赵两国关系不好，他的处境很尴尬。富商吕不韦在赵国见到异人，觉得这是进行一次政治投资的绝好机会。一方面，他善待异人，把自己已经怀孕的歌舞姬送给他；另一方面，他亲自去秦国游说。他摸准秦王后华阳夫人没有儿子的心病，劝说她迎归异人，立为太子。华阳夫人是楚人，吕不韦故意让异人穿上楚国的服装去见华阳夫人。华阳夫人见了果然非常高兴，把他当作自己的儿子，改名为“楚”，人们叫他子楚。子

楚后来成了秦国的国君。他向吕不韦要来的歌舞姬生下一个男孩，就是后来的秦王嬴政。

这件事在《史记·吕不韦列传》中曾有提到，内容稍有出入：吕不韦正在帮助子楚逐步恢复在秦国的地位，有一次，他和子楚一起喝酒，子楚看到歌舞姬中有一人非常漂亮，舞也跳得十分出色，他很喜欢，就起身敬酒，请求吕不韦把这个美人送给他。吕不韦非常愤怒，因为这也是他喜欢的美人，而且知道她已经怀了自己的孩子。但转念一想，为了子楚把身家性命全押上去了，一个美人又值什么？于是就把美人送给了他。《史记·秦始皇本纪》中也说："庄襄王为秦质子于赵，见吕不韦姬，说而取之生始皇。"但没说是吕不韦故意所为。

尽管《史记》中有此记载，有些专家还是认为这个说法不太靠得住。因为除了《史记》，没有任何其他史籍提到过这件事。先于《史记》的《战国策》，专门有文章记载吕不韦立异人为太子的事，却也没有一个字提及嬴政的特殊身世。专家认为，人们愿意相信这个说法，是出于东方六国为秦所灭以后产生的仇恨秦国和秦始皇的心理。人们说嬴政是吕不韦的儿子，就是说秦国早就亡国了，连秦始皇都不是真正的帝胄。这是一种仇恨心理的发泄。

其次，是对秦王嬴政历史功过的评价问题。

关于这个问题，再多的史料也无济于事，因为秦始皇所做的那些事情是明摆着的，而怎么评价它，则是后人主观思考的结果。除了电影中出现的秦始皇活埋小孩之类的事情纯属虚构以外，焚书坑儒是事实，统一六国也是事实，说他功大于过也好，过大于功也好，或者功过相抵也好，各人都可以见仁见智。至于要通过推断来确定嬴政究竟是长得英武潇洒还是身形委琐，那就实在意思不大了。

再次，是荆轲刺杀秦王的动机问题。

史料上没有写荆轲为什么要刺秦王，似乎也不需要写，因为在那个时代，刺客的行动并不需要太多的理由。我们且看一下《史记·刺客列传》中和荆轲并列的其他刺客的行为：聂政刺杀韩相侠累，不为别的，就是因为身为"诸侯之卿相"的严仲子，曾"不远千里枉车骑"来与他这个"市井之人"交往。尽管他也知道严仲子与他相交是有所求的，但他认为，严仲子求他，正说明看得起他，"是者徒深知政也"，所以他就要"为知己者用"。他只问严仲子谁是他的仇人，而不问是非曲直，就把侠累杀了。古人把聂政看作英雄，因为他身上有"义""勇"二字。"义"，就是为知己者用，滴水之恩当涌泉相报（严仲子送给聂政母亲的"黄金百镒"，与聂政的生命相比，的确是"滴水"和"涌泉"的关系）。"勇"，就是不怕牺牲。侠累戒备森严，刺杀侠累必须以生命为代价，聂政也干了。"义""勇"两个字在其他几位刺客（曹沫、专诸、豫让）身上同样具备，当然也包括荆轲。

荆轲刺秦王，首先是接受了"知己者"田光的托付，其次是因为燕太子丹"日造门下，供太牢，具异物，间进车骑美女，恣荆轲所欲"。这在古人看来就是受了知遇之恩，是必定要回报的。聂政死后，他的姐姐就这样解释过他的行为："严仲子乃察举吾弟困污之中而交之。泽厚矣，可奈何！"意思说，聂政身处下层，严仲子还能与他交往，相信他有用，这样深厚的恩泽，不报答怎么办呢？荆轲用生命来回报，这就是"义"。

当时，秦国的势力十分强大。荆轲的助手秦舞阳，13 岁

就杀过人，别人连正眼都不敢看他，可到了秦廷之上，也吓得变了脸色。荆轲却能“顾笑舞阳”，找个借口，从从容容地掩饰过去，这就是“勇”。有了“义”“勇”二字，荆轲就是英雄，哪里还需要什么爱国爱民的理由！

倒是有一点，荆轲的确与其他刺客稍有不同，那就是他还喜欢读书。他还曾经“以术说卫元君，卫元君不用”。如果用了，那么荆轲就可能成为官员，而不是刺客。他去刺杀秦王，计划得相当周密，但由于燕太子丹的催促，这个谋杀计划的最后一环没有扣住——他所等待的一个人没有到来，他就激于意气，匆匆上路。有的专家根据《战国策·燕策》中的相关记载认为，荆轲应该是一个战国时期常见的纵横之士，他喜欢读书，善于游说，有一定的学问，可以说他是个侠士，但他不是一个武夫。所以他先是婉拒燕太子丹，后来又一拖再拖。他是在等一个真正的刺客，一个有能力行刺的武士。而最后的情景却是他不得不自己来扮演这个他并不擅长扮演的角色，失败也就不是偶然的了。

荆轲刺秦王

是谁修建了都江堰？

是谁修建了都江堰，这个问题似乎连小学生也能回答得出来：当然是我国古代著名的水利家李冰。李冰生活在战国时期，大约在公元前256至251年，被秦昭王任命为蜀郡守。据晋代史学家常璩《华阳国志·蜀志》记载，他曾征发民工在岷江流域兴办许多水利工程，其中，最为著名的就是都江堰。李冰和都江堰写进了所有的历史教科书，还有人根据李冰的事迹拍摄了电影《水神》。奇怪的是，在今天的四川都江堰市，存有一座二王庙，所谓“二王”，就是李冰和他的儿子。明明是真人，为什么却被老百姓当作神祇来供奉呢？尤其是他的儿子李二郎，又称二郎神，就是神话故事当中那个有着三只眼睛的威武天神。这就让人对李冰的身份产生了怀疑：他到底是个被神化的真人，还是本来就属于神话人物？

让我们先从二郎神说起。二郎神这个神话人物在小说《西游记》《封神演义》、戏剧《宝莲灯》等中都出现过。在《宝莲灯》里，二郎神是三圣母（华山圣母）的兄长。在小说里，二郎神姓杨，叫杨戬，是玉皇的外甥，住在灌口。蒲松龄《聊斋

志异》中《席方平》的故事也讲到灌口二郎神。灌口在蜀中，正是李冰所管辖的地方。传说李冰父子在灌口斩蛟，为民除害，死后便成了灌口之神，也就是二郎神。有的说二郎神是李冰的儿子李二郎，有的干脆说二郎神就是李冰。这就是说，最起码，李冰父子是被神化了的。

有的学者则把上述看法更推进一步，认为李冰根本就是一个神话人物。理由大概有这么几条：

第一，都江堰可以说是世界水利史上独一无二的奇迹，但关于这奇妙工程的缔造者李冰，正史中的记载却是语焉不详。在所有现今可以查阅的古籍中，可以多次见到与都江堰差不多同时期修建的郑国渠、长城等，却始终不见有关都江堰的记载。李冰和他的伟大工程只是零星见于少数地方史志当中。在《史记·河渠书》中，司马迁写道，“蜀守冰，凿离堆，辟沫水之害，穿二江成都之中”。没有年代，没有形象，甚至连人物的姓氏都没有指出。司马迁的记载为什么如此模糊呢？

第二，在《史记》这部编年体的历史著作中，所谓“蜀守冰”的位置安排得非常奇怪。他被排在大禹之后，西门豹与郑国之前。如果按照时间顺序，西门豹引漳在春秋末期，李冰建堰在战国，他应该在西门豹之后而不是之前，司马迁为什么要把发生在战国的事情放在西门豹之前呢？还有，对于修建于秦的关中郑国渠，司马迁明白无误的多次提到“秦”字，但是对于都江堰的记载，为什么却没有任何时间描述呢？

关于第一个问题，专家推测，当年司马迁确实曾经到过蜀地，但他并没有看到古蜀国史籍。因为秦统一天下后，灭六国之书，古蜀国所有史料都付之一炬。他只能根据蜀地故老的口口相传，因此《史记》中只留下简约模糊的两句话，留给后人无限的猜测与遐想。

关于第二个问题，专家认为，司马迁所谓的“蜀守冰”并不是我们今天所说的李冰。在古蜀国的历史中，曾出现过五个王朝：蚕从，鱼凫，柏灌，杜宇，开明。开明所处的年代应该是中原地域的春秋早期。开明又名鳖灵，曾接受望帝杜宇的命令去治水，开明凿开玉垒山以解决水患。望帝最终传位于鳖灵，号为从帝。四川话“鳖灵”连起来说，听上去就像是“冰”。司马迁笔下的“冰”其实就是“鳖灵”，也就是古蜀国的从帝开明。他治水的确在大禹之后、西门豹之前，所以《史记》中才会有这样的位置。

据此，专家推断，在蜀地治水的，原是古蜀国的先王，秦王朝为了便于统治，把蜀地的先王转化为一个虚构的秦蜀守。随着朝代的更迭变化，这个虚构出来的李冰被一步步推崇为神，

东汉石雕李冰像

也有专家对上述说法持不同意见。他们认为，“鳖灵”的古音不同于现在，用古音来读“鳖灵”，根本拼不出“冰”。再说，在战国时期，一般的称呼就是不称姓的。那个时候人口很少，当官的人更少，一般的行文“李冰”都简化成“冰”，这没什么好奇怪的。特别是 1974 年，在都江堰外江河道的淤泥当中，挖出了一尊高约 3 米的

石人雕像，根据石像身上的刻字，人们可以确定，石像建造于东汉灵帝建宁元年，而石像的身份，正是那个两千多年前的秦蜀守李冰。在这尊出土的东汉石像上可以看到，人物的服饰、发型，都与李冰作为蜀守的身份相一致。而假如是鳖灵，他属于四川的土著民族，服饰、发型应该完全是另一种样子。因此学者断定，古蜀王鳖灵与李冰是完全不同的两个人。

这还仅仅是对史籍中关于李冰的记载的一些争议，更多、更复杂的问题是关于都江堰本身。今天的都江堰渠首工程，主要由三大部分构成，鱼嘴分水堤，分沙堰，宝瓶口，三者各司其职，而又相互配合。但这些构思精妙的水利杰作，往往在史籍中找不到记载；而史籍出现的记载，因为古今地名的差异，又往往让专家们各持己见，争论不下。李冰到底在哪里筑的坝、当时的坝又是什么样子的，恐怕只能是历史学家和水利学家们永远有兴趣的话题了。

都江堰

贰 秦 汉

秦始皇是焚书坑儒的罪魁祸首？

尽管秦始皇有统一中国的伟大业绩，但他在人们的心目中却总是一个暴君的形象，之所以如此，很重要的一个原因，就是他犯下了焚书坑儒的滔天大罪。然而，这一场发生中国文化史上的浩劫，难道就应该秦始皇一个人承担责任？难道一个能够接纳《谏逐客书》中意见的君主，却对李斯以外的读书人以及他们的书籍就这样莫名的仇恨？

秦始皇

还是让我们先看一下焚书坑儒发生的经过。

《史记·秦始皇本纪》对焚书的事件是这样记载的：公元前 213 年的一天，秦始皇在咸阳宫置酒宴请群臣。当时的学官叫作博士的，有 70 个人参加了宴会。仆射（博士的长官）周青臣上前说了一番歌功颂德的话，大意是：过去的秦国，方圆不过千里，靠陛下您的神灵明圣，平定了海内，放逐了蛮彝之族，凡日月所照的地方，没有不臣服的。把诸侯分为三十六个郡县，人人都很安乐，没有战争的祸害，可以万世流传。从古到今，谁也比不上陛下您的威德。博士齐人淳于越对这番话很是反感，立刻上前反驳说："我听说殷周之王长达千年，分封子弟功臣，作为自己的辅佐。现在陛下您据有四海，而子弟却为普通人，突然有什么变故的话，没有左右手，您靠什么相救？做事不学古人而能够长久的，我还没听说过。现在青臣又当面阿谀，加重您的过错，他不是忠臣。"

李　斯

在这段话中，淳于越虽然指责了周青臣，但重点并不在此。他实际所提出的问题有两个：一个是原则性的，即要向古人学习；另一个是具体的，即要分封子弟功臣。对此，秦始皇并没有立刻发表意见，而是"下其议"，也就是把淳于越的意见交给大家去讨论。丞相李斯便在此时提出了他著名的口号："五帝不相复，三代不相袭。"李斯认为，历代统治者按照自己的方法来治国，并不是有意要标新立异，而是因为时代在变，治国方法当然也要变。他对秦始皇说：陛下您开创的大业，建立的万世功劳，本来就不是愚儒所能理解的。再说，淳于越讲的三代的事情，哪里值得效法！当时诸侯并争，所以用优厚的待遇招募游学之人，如今天下已经安定，颁布了统一的法令，

当百姓的就应该努力务工务农，读书人就应该学习法律条文。现在那些读书人不好好学现在的东西，却拿古的东西来抨击现在，惑乱百姓。过去天下大乱，没有人能够把它统一，所以诸侯并起，说起话来都是用以古非今、装饰虚妄的话来搅乱事实，人人都把自己的一家之学看做是好的，来批评皇帝所建立的东西。现在您统一了天下，辨清了黑白是非，他们却还要尊私学，相互用一些不法的东西教给别人。听到上面下了命令，就各自用自己的学说来议论它，进了朝廷在心里嘀咕，出了宫门又街谈巷议的，夸耀皇上听了他的话来博取名声，把奇谈怪论看作是高明，率领大家说诽谤的话，这样下去，皇上您的威信会下降，而下面就会结党，必须要禁止它。

李斯就是在讲完这些话后正式提出了焚书的主张。他说："凡是不以秦为正宗的历史书，全烧了。没有担任博士官，却敢有藏诗书百家著作的，也都让官员给烧了。有敢于在一起谈论诗书的，杀了以后抛尸街头。用过去否定现在的人，官吏知道而不举报，与他同罪。命令下达三十天后，还不把诗书烧掉的，脸上刺字，去修筑长城。医药、卜筮、种树的书不烧，如果想要学法令，以官吏为师。"秦始皇采纳了李斯的建议，焚书就这样开始了。《资治通鉴》中也有内容基本相同的记载：焚书方案是李斯策划的，方案拟成后正式上奏秦始皇，秦始皇批准后，正式颁焚书令，天下遂大张旗鼓烧书。由秦始皇一个人来承担责任，恐怕不太公平。而且秦始皇认为，他烧的书都是"不中用者"，他已经"悉招文学方术之士甚众，欲以兴太平"。

再看看坑儒。《史记·秦始皇本纪》关于坑儒的记载是这样的：方士侯生、卢生本来是受命为秦始皇寻找长生不死的仙药的，后来因为不满意秦始皇的所作所为，逃走了。此举激怒了秦始皇。他觉得自己花费巨资却求不到仙药，善待儒生，听到的却都是诽谤的话，于是就让御史（也就是刑狱之官）把那些读书人捉来审问，读书人互相告密，秦始皇便亲自圈定了犯禁者的名单，共 460 余人，把他们活埋了。活埋以后，又告知天下，以示惩戒。

秦始皇焚书坑儒的行为造成了中国历史上的文化浩劫，这是毫无疑问的。但我们不能把问题简单化。在焚书事件中，李斯首先发难，具有不可推卸的责任。而儒生在当时的观点和行为，也并不就意味着正义。

孟姜女不是秦始皇时代的人

秦始皇为了修筑长城，在全国各地强行征集民夫，范杞梁（也作万杞梁、范杞良、范喜良）被迫充当劳役。秋去冬来，眼看天气渐冷，孟姜女不远千里为丈夫送寒衣。当她历经艰辛来到长城脚下时，其夫范杞梁已经埋骨在长城之下。孟姜女放声痛哭，在她哭声中，长城崩塌八百余里……

多少年来，这个动人的故事一直在民间流传。唐代已有《孟姜女变文》——一种说唱艺术的底本，说孟姜女哭倒长城后，发现下面尸骨累累，她滴血验骨，找到丈夫的遗骸，作文祭祀。金代的院本——行院演剧时所用的脚本，也有《孟姜女》。宋元南戏和元杂剧都有《孟姜女送寒衣》。明传

孟姜女

奇有《长城记》《杞梁妻》。清代有时剧《孟姜女》，弹词有《孟姜女寻夫》《孟姜女寻夫哭倒万里长城贞烈全传》《孟姜女万里寻夫》。曲艺中，宝卷有《孟姜女宝卷》《长城宝卷》，鼓词、子弟书有《孟姜女》《孟姜女寻夫》《孟姜女哭城》《哭长城》等。近代各个地方的戏曲、曲艺中，以孟姜女故事为题材的依然很多，剧名有《哭长城》《孟姜女》《万里寻夫》等。

所有这些作品中，寻夫、送衣、哭城是其主要关目，具体情节则不尽相同。但有一点是相同的，那就是反抗暴政的主题。在这些作品中，长城成了秦始皇暴政的象征，孟姜女虽然是一个弱女子，但她的哭声代表着民意，也代表着天意，所以，长城在她哭声中崩坍了。这一结局，不仅表现出人们对孟姜女的同情，更表现出人们对正义力量的向往。就这个主题而言，它当然是有积极意义的。但是，如果细考一下孟姜女故事的来源，你会发现，其实孟姜女并不是秦始皇时代的人！

杞梁（杞一作“芑”），名殖（一作“植”），是春秋时的齐国大夫。齐庄公四年（公元前550年），齐袭莒。杞梁和华周进军到莒的郊外，被俘而死。他的妻子姓姜，字孟，也就是我们平时说的孟姜，到郊外去迎丧。齐庄公也派人到郊外去凭吊。孟姜认为这不合礼仪，于是齐庄公只得亲自到她家中去凭吊。《左传》中记载了这件事，并认为孟姜的哭改变了国俗。

汉代刘向的《烈女传》在“贞顺”条下较为详细地记载了孟姜的事迹：（孟姜）“齐杞梁妻也。庄公袭莒，殖战死……杞梁之妻无子，内外皆无五属之亲，既无所归，乃枕其夫之尸于其城下而哭，内诚动人，道路过者，莫不为之挥涕。十日而

城为之崩。”这里已经有了“哭城”这一关键情节，但刘向主要表扬的，是孟姜的“贞顺”。杞梁死了之后，孟姜既没有儿子，娘家和夫家又都没有近亲（五属，也即五服，是旧时的丧服制度，根据亲疏，有斩衰、齐衰、大功、小功、缌麻五种；穿五服的，必定是有血缘关系的亲戚），在茕茕孑立、形影相吊，无法殡葬丈夫的情况下，孟姜用她的真情感动了周围的人，也感动了上苍。

这两则材料都清楚地告诉我们：杞梁和他的孟姜都是春秋时期的人，距离秦始皇时期三百年有余。是什么时候，人们把孟姜女的故事背景搬到了秦始皇时期，并且把杞梁的死由战死改成了修长城而死，现在很难说得清楚。不过这种改变的意义还是清楚的，秦始皇修筑长城，一直被认为是劳民伤财之举。三国时陈琳就写过《饮马长城窟行》，说：“男儿宁当格斗死，何能怫郁筑长城。长城何连连，连连三千里。边城多健少，内舍多寡妇。”范杞梁为修长城而死，比战死疆场更显得无谓，更能表现出统治者的一意孤行，也更能突出孟姜女的悲愤。一般来说，这种改变至迟不会晚于唐代。在敦煌曲子词中，有一首《捣练子》，说：“孟姜女，杞梁妻，一去燕山更不归，造得寒衣无人送，不免自家送征衣。”这里，孟姜女已经由迎丧变成了送衣，则其丈夫其时该不是去打仗，而是去服劳役。

假如孟姜女故事背景和内容的变化的确是发生在唐代，那是非常好理解的。唐代堪称泱泱大国，国力强盛，同时扩张的欲望也很强烈。“安史之乱”前，朝廷奉行的是“开边”政策；“安史之乱”爆发，自然更是战火连连；“安史之乱”之后，边境也一直不见太平。在这种情况下，普通老百姓的夫妻离散、家庭破裂是免不了的。唐代大诗人杜甫就无比沉痛地写过:“边庭流血成海水,武皇开边意未已。”他说的是“武皇 ”(汉武帝),指的是唐玄宗,那么,人们为什么不能用秦始皇来借古讽今呢? 最高统治者的一意孤行,害得老百姓家破人亡——在秦代、在唐代,都是一样的。

项羽没有火烧阿房宫

许多年以来，项羽火烧阿房宫几乎已经成了历史常识。《史记》上明确写着："项羽引兵西屠咸阳，杀秦降王子婴；烧秦宫室，火三月不灭。"唐诗人杜牧在《阿房宫赋》中更是在浓彩重墨地描写了这座金碧辉煌的宫殿后，无限感慨地歌咏："楚人一炬，可怜焦土。"然而，刚进入21世纪，阿房宫考古工地就传来了一个出人意外的消息：阿房宫遗址并没有大火焚烧的痕迹。眼看项羽"纵火犯"的罪名就要被洗刷干净，不料媒体又有"劲料"爆出，称"找到了阿房宫毁于大火的证据"。究竟是怎么回事呢？这扑朔迷离的"案情"要从两头讲起。

项　羽

一头是既然阿房宫并没有被大火焚烧过，那么何来项羽火烧阿房宫之说？据考古专家称，在他们对阿房宫前殿进行考古勘探和发掘前，曾经在咸阳第一、第二和第三号宫殿建筑的考古发掘中，发现了宫殿遗址被大火焚烧的痕迹。对照史料来看，秦汉时期的文献资料中并没有项羽火烧阿房宫的记载。《史记·项羽本纪》是这样说的：（项羽）“遂屠咸阳，烧其宫室……”后一次提到，说的也是“烧秦宫室，火三月不灭”。这里所说的“宫室”，应该就是考古发掘中发现被火烧过的秦都咸阳宫和其他秦朝宫室。这个纵火现场在咸阳，而不是在秦时地处渭河以南的上林苑中的阿房宫。后人误会，把它说成是阿房宫。

另外一头是，媒体所谓的“证据”来自何方？那是在阿房宫前殿遗址的考古工作已基本结束的时候，考古队想要确定阿房宫西面的界限，结果在距阿房宫前殿遗址西 1 150 米处发现了有座规模较大的园林建筑遗址。从该园林建筑遗址建筑物倒塌的堆积来看，该座园林曾经遭遇过火灾。于是，媒体发布了上面所说的消息。然而，专家们认为，这座园林并不是阿房宫的建筑。他们对该园林出土的板瓦、筒瓦以及瓦当等建筑材料进行了鉴定和分析，断定这是战国时代秦国的一座园林建筑，也就是秦始皇统一中国之前、由他的先人建造的皇家园林，属于上林苑中的建筑之一。而阿房宫是秦始皇统一天下后在上林苑内所造的宫室，它的时间要晚得多。两者不能混为一谈。

本来，火烧阿房宫的事到此也就差不多了，但阿房宫的确是座多事之“宫”，考古学家在进一步发掘后，又爆出一个惊人的消息：阿房宫根本就没建成过！

中国社会科学院考古研究所和西安市文物保护考古所组建的阿房宫考古工作队，历经两年多时间，对现存的秦代

阿房宫前殿遗址进行了“地毯式”的全面考古勘探，结果仅发现了阿房宫的前殿基址。阿房宫遗址位于今陕西省西安市以西13公里处的渭河以南，与秦都咸阳城隔渭河相望。从2002年10月开始，考古队在阿房宫前殿遗址发掘面积达3 000平方米，勘探面积达3.5万平方米。在勘探过程中，对于目前已经被村庄覆盖的遗址区，考古人员也没有放过，除水泥地和砖铺地之外，就连花池内、羊圈中、厕所旁、房屋间的空地等都进行了密集的勘探，仅发现了秦时的城墙遗迹。其倒塌的堆积物中含有大量的秦、汉板瓦片和筒瓦片，但没有发现秦代宫殿建筑的遗迹如殿址、明柱、廊道、排水设施等，也没有发现秦代必不可少的建筑材料瓦当。由此，考古专家认为，当年阿房宫工程只完成了前殿建筑基址和部分宫墙的建设，而宫殿建筑基址以上部分并未来得及营建。

同时，文献资料也可证明阿房宫并没有建成。《史记·秦始皇本纪》记载，阿房宫从开始修建到最后停工，前后延续最多只有4年时间，实际施工时间还要短得多。修建阿房宫一年多，秦始皇就死了，劳动力被拉去修秦始皇陵。后来秦二世复修阿房宫，没多久秦朝就灭亡了。根据勘探发掘确定，阿房宫前殿遗址夯土台基东西长1 270米，南北宽426米，现存最大高度12米，夯土台基面积541 020平方米，是迄今所知中国乃至世界古代历史上规模最宏大的宫殿夯土台基基址。仅就前殿54万多平方米的台基来看，像阿房宫这样规模的建筑，在当时条件下是不可能完成的。其次，根据记载，从秦始皇晚期至秦二世再到秦王子婴的全部政治活动都是在咸阳宫或望夷宫，而从未提到过阿房宫。《秦始皇本纪》中还有一段明确的表述：“……阿房宫未成；成，欲更择令名名之。作房阿房，故天下谓之阿房宫。”因为这个宫殿就盖在近旁，暂时就叫作“阿房宫”，这实在不算什么名字，所以秦始皇原是打算造完后起个好名字的。但是，它没完成，所以也就没有名字，“阿房宫”也就一直叫到现在。至于杜牧那篇绘形绘色的《阿房宫赋》，专家们认为，那只能是他根据生平所见过的宫殿发挥出来的艺术想象了，而明代以后出现的阿房宫图，则是建筑在杜牧的想象之上。

阿房宫图

既然阿房宫根本就没建成，那倒也更肯定了项羽没有烧阿房宫的说法。一个莫须有的罪名，一场历史的误会，个中滋味，细细品尝起来，倒是余味无穷的。

《长门赋》来历可疑

司马相如的《长门赋》前有一段小序，说："孝武皇帝陈皇后时颇得幸，颇妒，别在长门宫，愁闷悲思。闻蜀郡成都司马相如，天下工为文，奉黄金百斤，为相如文君取酒。因于解悲愁之词。而相如为文以悟主上，陈皇后复得幸。"就是说，司马相如写《长门赋》是受了汉武帝夫人陈皇后的委托，而且陈皇后还预付稿酬"黄金百斤"。不过，这么贵的稿酬似乎也不冤枉，陈皇后原本只指望司马相如写一点漂亮文字给她解解愁闷，没想到司马相如的文字功夫如此了得，居然能让她与汉武帝重归于好。这个故事流传很广，唐代黄滔的《司马长卿》诗就说："汉宫不锁陈皇后，谁肯量金买赋来？"宋代词人辛弃疾在[摸鱼儿]词中也说："千金纵买相如赋，脉脉此情谁诉？"

汉武帝

其实这一段文字所记载的《长门赋》的来历颇为可疑。

可疑之点一，是关于创作时间。司马相如是蜀郡成都人，曾在汉景帝手下当武骑常侍。当时，汉景帝的同母弟梁孝王来朝，身边跟着一大群文人，比如文学家邹阳，辞赋家枚乘、庄忌等，司马相如见了，很是仰慕，就托病免官，客游梁。就是在这段时间里，他写下著名的大赋《子虚赋》。几年后，梁孝王死了，司马相如回到了家乡成都。后来汉武帝即位，读了《子虚赋》，非常喜欢，感叹说："可惜我不能与这个作者见面！"正好侍奉汉武帝的是司马相如的同乡，就把司马相如推荐给了汉武帝。司马相如创作《长门赋》在游梁之后、居蜀之时，其时，汉武帝还不知道有司马相如其人，陈皇后怎么倒会知道"蜀郡成都司马相如，天下工为文"呢？

可疑之点二，是关于作品效果。《史记·外戚世家》中，关于陈皇后的事情是这样记载的："上之得为嗣，大长公主有力焉，以故陈皇后骄贵。"就是说，汉武帝得以即位，是仰仗了长公主的力量。景帝原先立的太子是栗姬的儿子荣，长公主与栗姬不和，因此在景帝面前诋毁栗姬，而"日誉王夫人男之美"，终于使得汉景帝废太子，而立王夫人为皇后，其男为太子——也就是汉武帝。陈皇后是长公主的女儿，所以她就特别骄贵。后来汉武帝喜欢上了他姐姐平阳公主献给他的一个歌女卫子夫，并让她怀了孕，陈皇后妒火中烧，好几次闹得差点死掉。这让汉武帝很恼火，于是废了陈皇后，而立卫子夫为皇后。《史记》并没有记载陈皇后千金买赋的事，更没有记载司马相如的赋有令破镜重圆的神奇功效，倒是说陈皇后"与医钱，凡九千"。就是说她给了医生很多钱，希望自己能怀孕生子。因为长公主曾经在平阳公主跟前抱怨武帝忘恩

负义，说：“帝非我不得立，已而弃捐吾女，壹何不自喜而倍本乎？”平阳公主回答说：“因为陈皇后没有生儿子，所以废了她。”这样看来，陈皇后不是千金买赋，而是千金买医。不过她最终没有生下儿子。

从历史记载来看，汉武帝可以说是个喜新厌旧、重色轻情的人。孩提之时，他坐在长公主的膝上曾经讲过：“若得阿娇作妇，当作金屋贮之也。”留下了“金屋藏娇”的美谈。可这位阿娇（陈皇后）的下场却是被废。他虽宠爱卫子夫，但卫子夫色衰，他又去宠爱王夫人。后来在一次宴会上，他听到了这样一首歌：“北方有佳人，遗世而独立。一顾倾人城，再顾倾人国。宁不知倾国与倾城，佳人难再得。”他就说：“世上哪有这样的美人！”人说：“有啊，李延年的妹妹就是这样的美人。”这个李延年，是汉武帝的乐工，他的妹妹后来就是被汉武帝宠幸的李夫人。还有尹婕妤以及为他生下燕王、广陵王的几个姬妾等等。直到七十岁的时候，汉武帝还让钩弋夫人怀孕，生下了后来的汉昭帝。而且，“诸为武帝生子者，无男女，其母无不谴死”。汉武帝自称这样做的理由是为了杜绝由于“主少母壮”而产生的祸乱。史载钩弋夫人被牵走时，曾“环顾”。我们可以想见这位美人眼中的哀怨，可是汉武帝说：“快走，你不可能活了！”一个人绝情如此，怎么可能指望他会被一篇文字所感动，与陈皇后重归于好呢？

结论只有一个：《长门赋》为陈皇后所写，是一个美丽的谎言，那段小序是后人所加，它表现出人们对司马相如才情的钦佩，流露出人们对文字力量的崇拜，寄寓着人们对花好月圆的祝愿。

“凤求凰”故事的背后

《红楼梦》第五十三回，写荣国府元宵开夜宴，请了两个女艺人来说书。说的是一段新书，叫做《凤求鸾》。刚说开一个头，就被贾母打断，道：“不用说了，我已经猜着了”，“这些书就是一套子，左不过是些佳人才子，最没趣儿。”贾母说的这种才子佳人故事都是“凤求凰”故事的余续，从它的题目上就可以看得很清楚。

凤凰是古人想象中的鸟王，雄的叫“凤”，雌的叫“凰”，总称“凤凰”，也作“凤皇”。乐府中有《琴曲》，又作《琴歌》，因其歌词有“凤兮凤兮归故乡，遨游四海求其凰”，后人就把它叫作《凤求凰》。又因为古人很早就用“凤凰于飞”来象征着婚姻的和谐美满，所以，“凤求凰”也就有了男子向女性求爱的意思。最典型的“凤求凰”故事，当然就是司马相如与卓文君的故事。

卓王孙是临邛的豪富，家中光仆人就有八百个。他听说县官王吉那儿来了个贵客，叫司马相如，王吉对他十分恭敬，每天都去拜访他。司马相如开始还见他，后来就称病辞谢不

见，王吉却越发恭恭敬敬的。卓王孙想，既然是县令的贵客，我也该招待一下。他大摆宴席，请了县令和其他上百位宾客。中午时分，去请司马相如，司马相如推病不肯前来。临邛令东西也不敢吃，亲自前去接司马相如，司马相如这才勉强来了。席上，王吉对司马相如说："听说您喜欢弹琴，请您演奏一曲，自己消消遣吧。"司马相如推辞一番，演奏了一两支曲子。

卓王孙有个女儿，叫卓文君，刚死了丈夫，很喜欢音乐，她从窗户里偷偷窥看司马相如，心里非常喜欢，唯恐自己配不上他。宴席结束时，司马相如让人重重赏赐卓文君的侍者，表白自己的爱慕之意。卓文君当夜就私奔到了司马相如那儿。司马相如就与卓文君一起逃回他的家乡成都。到成都一看，司马相如家里穷得什么都没有。时间一久，卓文君不高兴了，说："我们还是一起到临邛去吧，就是向弟兄借点钱也能过日子，何至于自己把自己苦成这样！"司马相如就和卓文君一起来到临邛，开了个酒店，卓文君掌管店务，司马相如身扎围裙，和伙计们一起刷洗锅碗瓢盆。

卓王孙听说后，气得闭门不出。亲戚朋友都来劝说，说文君嫁也已经嫁给他了，再说司马相如虽然穷，好歹是个人才，又是县令的朋友，你怎么能这样羞辱他们呢？卓王孙不得已，分给卓文君一百个仆人，钱百万，还有她出嫁时的衣被财物等。卓文君和司马相如回到成都，买田买房，成了富人。

这个故事在司马迁的《史记》中就有记载，但细读司马迁的文章却会发现，这个美好的"凤求凰"故事原来是个阴谋！

司马迁在写到临邛令与司马相如的关系时用了一个关

键的字“临邛令缪为恭敬”。缪，就是假装的意思，原来临邛令对司马相如的恭敬是假装的！为什么呢？就是为了引起像卓王孙这样的富人的注意。在宴席上，临邛令让司马相如弹琴也是有预谋的。他们知道卓文君“新寡，好音，故相如缪与令相重，而以琴心挑之”，司马迁用一个“故”、一个“缪”，揭露了他们的诡计。

这场阴谋中还有一个环节，那就是司马相如到卓王孙家赴宴的时候，“从车骑雍容闲雅甚都”。这就怪了，司马相如穷得家徒四壁，哪儿来那么漂亮的车马？后来他要在临邛开酒店，就“尽卖其车骑”，看来，他是把一家一当全放在车马上了。为什么？摆个样子给卓文君看嘛。不难想象，看到司马相如那么漂亮潇洒而自愧不如的卓文君，一旦见到家徒四壁的情景该是多么失望。

如果骗娶卓文君是一场阴谋，那后面司马相如的“自著犊鼻裈，与保佣杂作，涤器于市中”，也可以理解为一种故意的要挟。你看，卓王孙不是“闻而耻之，为杜门不出”了吗？亲戚朋友不是都来劝说了吗？卓王孙最后不是还是给钱了吗？司马相如不是最终成了富人了吗？东晋葛洪的《西京杂记》就明确讲：“相如亲著犊鼻裈涤器，以耻王孙。王孙果以为病，乃厚给文君，文君遂为富人。”

当然，这样来理解“凤求凰”故事，司马相如的形象很不光彩，这个爱情故事也会变得索然无味。但无论如何，司马相如在追求卓文君的时候和临邛令王吉一起使用了手段，这是毫无疑问的。我们希望两千多年前司马相如所有的这些预谋都是出于对卓文君的爱，而不是别的什么目的，这样，“凤求凰”的故事才不至于失去它的光彩。

卓文君非常漂亮，容颜姣好，葛洪讲她“眉色如望远山，脸际常若芙蓉，肌肤柔滑如脂”。我们衷心希望她越礼而奔的这个男子，是个真心爱她的人。

文君井

有了司马迁才有《史记》吗?

司马迁是中国古代伟大的史学家和文学家，他为我们留下了千古不朽的名作《史记》。然而，是不是有了司马迁才有《史记》呢？事实并非如此。

司马迁

中国文化中，史学是非常发达的。早在殷商时期，就有了所谓的"巫"和"史"。巫是娱神的专职人员，史则负责记录当时人神沟通的活动。这可以说是后代史官的雏形。春秋战国时期，史学已很发达。各个诸侯国都有自己的历史。晋国的历史叫《乘》，楚国的历史叫《梼杌》，最著名的，当然是孔子修订过的、鲁国的历史《春秋》。春秋战国时期还出现了非常尽职的史官，比如大名鼎鼎的董狐。晋国有个大将叫赵盾，在晋襄公时期担任过中军元帅，掌握国政。晋灵公即位，他怕晋灵公加害于他，就离国出走，还没逃出国境，他的一个族人，名叫赵穿的，已

经把晋灵公杀了,于是他就回来,拥立晋成公,继续执政。董狐当时是晋国的史官,他毫不留情地在史书上写道:“赵盾弑其君。”“弑”这个字是贬义的,意思是以下犯上。董狐敢当着赵盾的面直笔记事,孔子称他为古之良史。后世的人们也都把他当作学习的榜样。比如,文天祥在《正气歌》中就把“董狐笔”作为人间正气的一种表现。春秋战国时期的历史著作在体式上也已经多样化。有像《春秋》这样的编年体,也有像《国语》《国策》这样的国别体。《春秋》还有很多人做诠释,形成所谓“春秋三传”。以上种种可以证明,我国的史学起源很早。

那么,是不是我国的史学著作虽然出现得很早,但都没有用“史记”这个名字,直到司马迁才用呢?也不是。“史记”原是历史书的通称。高步瀛的《史记举要》中说:“《史记》称太史公书,殆起后汉之末年,魏以后因之。”就是说,从东汉末年开始,一直到魏以后,司马迁的《史记》都是被叫作“太史公书”的。据王国维先生考证,一直要到唐代,人们在编《隋书》的时候,按经史子集四部排列,司马迁的著作被放在史部的最前面,由此,《史记》才成了专称。

司马迁的《史记》被安排在《隋书》“史部”的最前面不是偶然的。因为这部书的确具有不同于其他史书的特殊价值。司马迁生于公元前145年(汉景帝中元五年),5年后,汉武帝即位。他的卒年在汉武帝征和元年(公元前92年)。也就是说,司马迁从五岁开始一直到死都生活在汉武帝时代。汉武帝是两汉历史上在位时间最长的皇帝。其时结束战乱已逾半个世纪,汉代社会完成了休养生息,开始了中国封建文化以儒学为中心的充分发展。这是司马迁生活的大背景。司马迁的父亲司马谈和他的先代都是史官，司马迁从小接受良好的教育，得以博览群书，拜见长者，周游河山。他从父亲那儿接受了写一部历史书的重托，并在40岁出头的时候，完成了材料的准备工作，开始创作。就在这时，一场突然的变故改变了他的整个人生轨迹。

公元前99年，匈奴单于亲率二十万大军南下，连夺汉朝西北方上谷、五原、酒泉诸郡，汉朝主帅李广利被围在两狼山，派人回朝求救。汉武帝派李陵率五千步兵策应主帅李广利夹击匈奴。李陵率军前往，一路昼夜兼程，抵达两狼山时，人衔枚马摘铃，夜袭匈奴中军大营，令弓箭手射火箭将敌营帐全部点着，一时间，敌营乱成一团，李陵挥军杀入，如同神兵天降，杀得敌人蒙头转向，鬼哭狼嚎。李广利从山上看见敌营大乱，火光冲天，一片喊杀之声，知道救兵到了，遂率兵倾巢而出，杀下山来，与李陵合兵一处，突出匈奴重重包围，李广利被救出两狼山，退据冀州。南还时，李陵断后，将至燕门关外，不料被三万匈奴骑兵围堵。李陵率部浴血奋战，杀死敌兵万余人，令匈奴单于心惊胆战，准备退兵。不幸的是，李陵的部下有人投降匈奴，招供出李陵孤军无援，且已弹尽粮绝的内情。匈奴大军疯狂反扑，李陵拼死厮杀，五千精兵只剩十几人。眼看突围无望，李陵下马受降。

得知李陵投降的消息，朝野震惊。汉武帝盛怒之下，要杀害李陵的母亲、妻子和孩子。大臣们都顺着汉武帝的看法，痛斥李陵贪生怕死、投降变节的不忠行为。只有太史令司马迁替李陵辩解，汉武帝认为司马迁有意中伤李广利，把他下到狱中。因为无钱赎身，司马迁惨遭宫刑。

这一场意外变故，极大地刺激了司马迁。他为此深感耻

辱，甚至想过自杀，最终他还是以身遭变故而完成了大事业的人为榜样，完成了《史记》的创作。这场意外变故对司马迁的创作影响巨大。如果生活一帆风顺，司马迁也会写一部历史书，事实上，他早在受宫刑之前就开始写了，但那一部著作恐怕不会是我们今天所看到的《史记》。鲁迅在评价《史记》的时候说它是“史家之绝唱，无韵之离骚”。前一句讲的是它在史学上的价值，后一句包含的内容更复杂。《史记》中那种像屈原《离骚》那样的抑郁不平的情感，应该说是司马迁遭受不幸后的产物。司马迁在材料的取舍、人物位置的安排、叙述语言的选择、价值判断等各个方面都显示出了这种强烈的情感。可以说，是司马迁个人的不幸，造就了中国文学史上的一部巨著，这才使得《史记》有了今天这样的地位和价值。

正史中的谎言

中国的历史向来有所谓正史和野史之分。被叫作正史的，是比较正规的历史著作，比如二十四史，就是典型的正史。如果是笔记之类不那么正规的历史著作，则被称为野史。正史和野史究竟哪个更能表现历史的真实，历来有不同的说法。大部分人认为正史比较可信，因而把道听途说的东西叫作野史。但也有人认为，正史往往是统治者首肯的东西，而统治者为了其统治的需要，总要掩盖一些历史事实，或者捏造某些历史事实，因此，更不可信的应该是正史。

我们当然不能全盘怀疑正史的可信度，但正史当中有谎言存在却是不争的事实。

就拿司马迁的《史记》来说，有不少地方显然是不可信的。

《史记·殷本纪》记载："殷契母曰简狄。有娀氏之女，为帝喾次妃。三人行浴，见玄鸟堕其卵，简狄取吞之，因孕，生契。"这显然是个谎话。合理的解释只能说，契是他母亲的私生子，至于父亲是谁，简狄不说，就没有人知道。吞食玄鸟之

卵这样的话，当然是编出来掩人耳目的。司马迁一本正经地把它写在正史里，是没有道理的。同样的记载还出现在《史记·秦本纪》中。司马迁说："秦之先，帝颛顼之苗裔。孙曰女修。女修织，玄鸟陨卵，女修吞之，生子大业。"

如果说，殷商和秦先人的时代早了点，关于它的历史记载可以看作神话传说一类的话，那么，时至司马迁自己生活其中的汉代，总不能算早了。可还是有谎话存在。比如，汉高祖刘邦的来历，很多人都知道他是个"龙种"；关于他的外貌，也有很多人知道他有"异相"。这些谎言全可以在正史中找到记载。《史记·高祖本纪》说："高祖为人隆准而龙颜，美须髯。左股有七十二黑子。"谁相信世界上真有一条腿上长七十二颗黑痣的人？就算真有，又是何人所见？谁人点数？这还罢了，没准刘邦还在当亭长的时候真有见过他大腿的人，因为他的色素沉淀异常，让人感到惊讶，口耳相传，就传出来了。而关于他的生世来历，更属谎言无疑。司马迁写道：（高祖）"母曰刘媪。其先刘媪尝息大泽之陂，梦与神遇。是时雷电晦冥，太公往视，则见蛟龙于其上。已而有身，遂产高祖。"刘媪做不做梦、做什么样的梦，司马迁又从何得知，我们已无从考证，但她丈夫居然看见一条蛟龙伏在她身上，则是再明显不过的谎言。蛟龙这种动物本属子虚乌有，刘太公

刘　邦

怎么看得见？就算他暂时精神分裂，出现幻觉，历史学家怎能当真？这样的谎言竟然堂而皇之地出现在正史里，而且作者并不是转述刘太公的话，而是把它当成一个事实来描述，在这个问题上，司马迁恐怕是难辞其咎了。

中国在秦汉之前，经历过一段文史不分的年代。在那个年代中，中国历史学家们总是用他们的生花妙笔来描述历史，其中，经不起推敲的地方往往很多。这为中国的史传文学提供了宝贵的财富，也为中国小说的发展作出了巨大贡献，但它的副作用之一，就是有些谎言因为正史的记载，而永远地留在了人们的心中，让人信以为真了。秦汉以后，这种情况渐渐少了，但也并非绝迹。有人就在陈寿的《三国志》中，找到了这么一条：

陈寿《三国志·蜀书·诸葛亮传》："由是先主遂诣亮，凡三往，乃见。因屏人曰：'汉室倾颓，奸臣窃命，主上蒙尘。孤不度德量力，欲信大义于天大，而智太短浅，遂用猖獗，至于今日。然志犹未已，君谓计将安出？'亮答曰：'自董卓已来，豪杰并起，跨州连郡者不可胜数。曹比于袁绍，则名微而众寡，然遂能克绍，以弱为强者，非惟天时，抑亦人谋也。今已拥百万之众，挟天子而令诸侯，此诚不可与争锋。孙权据有江东，已历三世，国险而民附，贤能为之用，此可以为援而不可图也。荆州北据汉、沔，利尽南海，东连吴会，西通巴、蜀，此用武之国，而其主不能守，此殆天所以资将军，将军岂有意乎？益州险塞，沃野千里，天府之土，高祖因之以成帝业。刘璋暗弱，张鲁在北，民殷国富而不知存恤，智能之士思得明君。将军既帝室之胄，信义著于四海，总揽英雄，思贤如渴，若跨有荆、益，保其岩阻，西和诸戎，南抚夷越，外结好孙权，

内修政理；天下有变，则命一上将将荆州之军以向宛、洛，将军身率益州之众出于秦川，百姓孰敢不箪食壶浆以迎将军者乎？诚如是，则霸业可成，汉室可兴矣。’先主曰：‘善！’”

这一段文字在《资治通鉴》六十五卷中也有雷同的记载，一望而知，司马光是从《三国志》中摘抄来的。大概是为了描述的生动吧，陈寿用了一个细节“屏人曰”，但就是这个细节使史书的真实性受到了怀疑：既然刘备向诸葛亮请教时，是“屏人”而后言的，那么这番对白应当是出诸葛亮之口，入刘备之耳，不该有旁人听见，陈寿这段话又是从哪里听来的呢？诸如此类的例子在史书中不为少见，像这样在正史中使用文学笔法，究竟利弊如何，是大可商榷的。

王昭君自杀了吗？

很多画家画过昭君出塞图，很多人也都见过昭君出塞图，大概总是一个泪眼婆娑的美女，怀抱琵琶，骑在马上。这个美女最后自杀了，让包括汉元帝在内的人们唏嘘不已。如果我告诉你，这是一个谎言，王昭君可能根本就不会弹琵琶，你作何感想？与事实不符合的地方还有很多：并没有人丑化过王昭君；昭君出塞并非被迫，而是自愿；王昭君并没有自杀而是在匈奴生儿育女……

史书上关于王昭君的记载简单而清晰：

昭君字嫱，南郡人也。初，元帝时，以良家子选入掖庭。时呼韩邪来朝，帝敕以宫女五人赐之。昭君入宫数岁，不得见御，积悲怨，乃请掖庭令求行。呼韩邪临辞大会，帝召五女以示之。昭君丰容靓饰，光明汉宫，顾景裴回，竦动左右。帝见大惊，意欲留之，而难于失信，遂与匈奴。（《后汉书·南匈奴传》）

《汉书·元帝本纪》和《汉书·匈奴传》中也有类似的记载。

昭君出塞图

也就是说，王昭君的出塞是她自动请求的，而请求的原因，是因为她入宫几年，没能得到皇帝的宠幸。从中可以看出，王昭君是个烈性的女子，在皇帝的三宫六院中，像她这样受冷落的，不是一个两个，但只有她采取了这么果断的行动。我们可以把昭君的这个举动看作是对自己所处境遇的抗议，也可以看作是她对自己命运的挑战。

与昭君并没有受到胁迫一样，汉元帝其时也没有受到匈奴的胁迫，并不像后来戏里面所表演的那样，单于大兵压境。其时，经过卫青、霍去病等大将的征讨，匈奴的力量大衰，呼韩邪单于入朝请求汉室宫女为阏氏，是为了表示友好。汉元帝同意他的请求，同样也是表示友好。

正因为王昭君是主动要求出塞的，所以对她来说，根本没有自杀的必要。孔衍《琴操》中，讲她为守贞节，仰药而死；

马致远《汉宫秋》中，写她为保气节，在汉胡交界之处，投黑水而死，都不是真的。

真相是：王昭君不仅去了匈奴，而且和两任单于结为夫妇，生育了一子两女。昭君入胡后，被封为宁胡阏氏，生了一个儿子，名叫伊屠智牙师。婚后的第二年，她的丈夫呼韩邪单于过世。按照胡人习惯，她应该嫁给即位的新单于，也就是呼韩邪单于和大阏氏所生的儿子复株累单于。接受这种异族风俗对于从小受汉族伦理熏陶的王昭君来说，毫无疑问是痛苦的，所以她要求返回故国。汉成帝从国家利益出发，敕令她学从胡俗，于是她又成为继任单于的阏氏。其后又生了两个女儿，一个叫须卜居次，一个叫当于居次。十年之后，复株累单于也死了，昭君的儿子伊屠智牙师没有争得单于之位，牺牲了性命。须卜居次在王莽当政时曾到汉宫入侍太后，王莽失败后也受株累而死。

在关于王昭君的传说中还有一个重要的细节，那就是王昭君之所以没有被宠幸，是由于画工毛延寿使坏。说是汉元帝后宫既多，不得常见，乃使画工图形，按图召之。诸宫人皆赂画工，多至十万，少者亦不减五万，独王嫱不肯，遂不得见。匈奴入朝，求美人为阏氏，于是上案图以昭君行。及去召见，貌为后宫第一，善应对，举止闲雅。帝悔之，而名籍已定，帝重信于外国，故不复更人。乃穷按事，画工皆弃市，籍其家资皆巨万。画工有杜陵毛延寿，为人形，丑好老少必得其真……同日弃市。这个故事的编者是西晋的文人葛洪。他在笔记《西京杂记》中叙述了这个故事。这在史书中并无记载，但让很多人信以为真，或者愿意信以为真。唐代诗人李商隐说："毛延寿画欲通神，忍为黄金不为人。"宋代的政治家

兼文学家王安石，虽然说了别出心裁的话：“意态由来画不成，当时枉杀毛延寿”，但还是相信有毛延寿画像这回事的。

至于昭君琵琶，也是后人附会上去的。在汉代，和亲是常有的事。汉武帝就曾两次以宗室女为公主，嫁给以游牧为生的乌孙族。乌孙公主远嫁时“令琵琶马上作乐”。后来石崇写《王昭君辞》，也让昭君用琵琶来抒发心中哀怨。从此，“千载琵琶作胡语，分明怨恨曲中论。”（杜甫《咏怀古迹》）。连写王昭君的戏，也叫作《吊琵琶》（清·尤侗），《琵琶语》（清·周文泉）了。

“四大发明”有争议

从小学习历史，我们都知道中国人有值得骄傲的“四大发明”：火药、指南针、造纸术和活字印刷。率先指出中国人有这“四大发明”的，倒不是中国人自己，而是英国人李约瑟。

李约瑟是科学家，在英国 Sir Frederick Gowland Hopkins 的生物化学实验室做研究。1937 年，三位中国留学生到了 Hopkins 爵士的实验室，于是，37 岁的李约瑟开始学习中文，并开始研究中国古代科技史。1942 年，急需提高中国军民士气的蒋介石，把李约瑟以及与他一起搞研究的中国留学生鲁桂珍接到了重庆，让他们到中国来实地研究中国科技史。一年之后，也就是 1943 年，在重庆搞出了“四大发明”的研究成果，轰动了世界。“四大发明”在

毕　昇

抗战进入关键时期及时提出，大大鼓舞了中国军民的民族自豪感和斗志，当时有人称，李约瑟的研究，“抵得上共和国卫队 10 个师”。

一个民族在某些方面走在世界的前列，的确是让人鼓舞的。它的正面作用，就是让我们不要妄自菲薄，并激励我们继续努力。但有时候，人也容易躺倒在曾经有过的荣誉之上，妄自尊大，缺少反省精神和向别人学习的胸襟。在这种情况下，荣誉反而成了包袱。也许是为了向这种人泼点冷水吧，近时不断有人对“四大发明”提出质疑，其主要观点如下：

首先是火药。质疑者认为，中国人所发明的“火药”指的是“黑火药”，和后来大规模用于工程和军事的黄火药不是一回事。黄火药跟黑火药在原理、性质、方法和用途等诸方面都是截然不同的。黑火药的制造方法是将硝石、硫磺、木炭等几种天然物混合在一起，基本上属物理范畴，是一种混合物。黄火药的制造方法是使用化学合成手段，是一种化合物。我们时常不无遗憾地说：外国人用火药做枪炮杀人，中国人却用火药做鞭炮听响。其实这是由黑火药和黄火药的性能所决定的，并不是中国人没想到火药可以用于军事。黄火药跟黑火药之间完全没有任何传承关系，谈不上谁启发谁。其一开始就是从一条独立的路线发展起来的性质完全不同的体系。黄火药只是这个体系中几类产品的俗称，这个系列中的各种发明满足了现代工业和军事所需要的全部技术需求。黑火药的种类也有上百种之多。中国使用的黑火药只是其中之一。黑火药可用于导火索、烟火药等，在欧洲长期被用于烟火和纵火，也曾被用来作为枪炮的发射药，但主要适用于中世纪的那种力量有限的原始火器，如火枪火铳,而近现代枪炮的发展与黑火药基本就没什么关系了。近现代整个军事工业体系中,从火帽底火所用的击发药,到雷管等用的起爆药,到弹筒中的发射药,弹体里装填的猛炸药,火箭导弹的推进剂,全部使用黄火药系列。

其次是指南针。质疑者认为,如果从定义发明的创造性本质上来说,要称得上是一项"发明"而且是"伟大发明",要具有一定程度上的技术含量,要付出了较高水平的智力劳动特别是逻辑思维活动,并且其内在要有一种明确的科学理论作为支撑。对磁石指南的发现,这只不过是对一种自然现象的最原始的认识和发现而已,一种知其然而不知其所以然的初始认识,并且不需要加以任何技术构建就能够在生活中运用,唯一所做的只不过是对磁石的外形进行艺术加工而已,科技的含量实在太少。现在也还没有任何可靠的证据表明磁罗盘是从中国传到中东及欧洲去的。很多历史学家认为:欧洲人的磁罗盘是12世纪时在意大利的阿马尔菲城发明的。这种罗盘与我们的"司南"模型相比,技术上要复杂先进得多。至于后来出现的指南针,也没有可靠证据表明早在南宋之前就已经在航海活动中得到了广泛应用,而在同一时期,世界上的阿拉伯人和欧洲人,比中国人航海活动的范围要广大得多,为什么不能设想他们也已开始使用磁罗盘了呢?

再次是印刷术。世界上有两种活字印刷的技术,一种是我们平时所说的毕昇的活字印刷,另一种是古登堡发明的铅活字版机械印刷机。质疑者认为,虽然这两种技术都使用了活字,但在更多方面是不同的:如一个是原始手工,一个是机械操作;一个是胶泥雕刻活字,一个是合金浇铸活字;一个

使用水墨，一个使用脂肪性油墨，等等。相比之下，毕昇是雏形状态的原始手工泥活字印刷术，而古登堡是伴随一整套印刷工艺为代表的近代印刷工艺技术。两者的方法原理相差很远，技术复杂程度更是不可相提并论。更重要的是，毕昇活字印刷只是沈括在《梦溪笔谈》中讲的一个奇闻，在中国没有得到实际应用，中国从来就是用的雕版印刷术。清代中期，从欧洲引进了西方古登堡的印刷术，中国才开始了活字印刷的历史。有人曾经问过金庸：你在《鹿鼎记》中说，庄家印《明史》非要刻板，中国在北宋就发明了活字印刷，清朝怎么还会用刻板？其实他不知道，事实正是如此。

这些关于“四大发明”的质疑引起了好多争议。比如，关于毕昇的活字印刷到底有没有得到实际使用的问题，很多专家还是持肯定态度。1965 年，浙江温州出土一件印本残页《佛说观无量寿佛经》，经有关专家认定，是毕昇之后大约 50 年（公元 1103 年）北宋时期的泥活字印本，称其为“迄今发现存世最早的活字印刷品”。1989 年，甘肃武威出土西夏文印本《维摩诘所说经》，专家认定为西夏中期即 12 世纪中叶的泥活字印本。中国印刷博物馆研究室还进行了“毕昇泥活字印刷实证研究”，用复原毕昇当年活字印刷技术的办法来反驳出自国内外的关于毕昇活字印刷术的质疑。

尽管如此，有关“四大发明”的质疑也并非空穴来风，把它当作给头脑发昏、妄自尊大者的一帖凉药，也未尝不可。尤其是有些人，把古代中国发明创造的作用无限夸大，说什么没有中国的火药就没有近现代的军事和工业；没有中国的指南针，就没有地理大发现等等，这些貌似爱国的说法，其实于国于民都是非常有害的。

蔡伦的造纸术并非世界上最早

中国古代的"四大发明"中，造纸术一项是争议最少的。大家都承认，东汉蔡伦是发明造纸术的第一人。但是，从 20 世纪 30 年代开始，逐渐在出土文物中发现了一些纸张，根据各方面的因素来推断，这些纸张的年份应该在东汉以前。于是，考古工作者对蔡伦最早发明造纸术的说法产生了怀疑。

首先是从西汉墓葬中发现的纸。既然肯定是西汉的墓葬，那么从中发现的纸张当然不会是东汉的。考古中发现的第一例西汉纸，就是在西汉早期墓葬中发现的。这是一片麻类纤维制成的残纸，考古学家把它叫作西安灞桥纸。1978 年，又在扶风中颜村发掘的一处铜器窖藏中出土有铜器、麻布、麻纸，这些纸被称为中颜纸。

蔡 伦

还有，有些出土的纸上所记

载或描绘的内容，相当明确地告诉人们：它们应该出现在东汉之前。比如，天水放马滩绘有地图的西汉早期纸。地图经考证是战国时期秦国的地形图。图纸呈土黄色，用墨线条绘出山、水及道路。它的发现不仅为中国早期地图的研究增添了珍贵的新资料，而且为纸的发现与用于书写提供了实物证据。还有甘肃敦煌悬泉置西汉有字纸，其中发现的大量简文，年代多是西汉宣、成时期的。汉宣帝在位的时间在公元前 73 年至 49 年，汉成帝稍晚，他去世的时间在公元前 7 年。

再有，有些与纸张同时出土的文物可以证明它为西汉纸。比如，考古工作者在甘肃居延（今属内蒙古）金水关西汉峰燧遗址中发现的纸（称为金关纸），共两块，其中的一块经过修复后展开，长为 12 厘米，宽为 19 厘米，色泽白净，薄而匀，一面平整，一面稍起毛。质地细密坚韧，含微量细麻线头。显微观察和化学鉴定，都表明它只含大麻纤维。而同一处出土的竹简，最晚年代是汉宣帝甘露二年（公元前 52 年）。

这些情况表明，最晚在公元前 1 世纪的中叶，在像甘肃这样遥远的边塞已有了质量较高的纸，这种纸在内地的出现应该会更早一些。有的学者认为，中国纸的出现并用于书写应在西汉初年甚至更早。蔡伦造纸成功后奏报朝廷，是在东汉和帝刘肇元兴元年（公元 105 年），假如西汉初年中国人已能造纸，那么，比传统所说的蔡伦造纸要提前 200 年甚至 300 年。

既然从 20 世纪的 30 年代到 90 年代，考古中发现的西汉纸已远非个案，从早期到晚期都有，那为什么人们会留下蔡伦发明造纸术的印象呢？专家认为，西汉纸在前期阶段，它是由个人或群体做出了技术突破，发明了从雏形纸到能用于书写的麻纸。蔡伦在东汉和帝时是中常侍，曾担任主管制造御用器物的上方令。他看到当时人们用于书写的主要还是两种东西：一种是竹简，另一种是缣帛（丝织品）。竹简笨重，缣帛昂贵，都不是理想的书写材料。他就在西汉人用麻质纤维造纸的经验之上，总结提高，利用皇家优越的物质技术条件，用树皮、麻头、破布、旧渔网来造纸，使造纸工艺成型化、定型化，造出了既轻便又成本低廉的纸张。他还在试验成功后向朝廷禀报，使这种优质低价的纸张迅速在全国推广。人们把这种纸称为“蔡侯纸”，蔡伦也因而成为发明造纸术的第一人。准确地说，他应该是古代中国人发明造纸技术的一个代表性人物。

中国有那么多的第一吗?

1986年,辽宁儿童出版社出版了罗伯特·坦普尔的《中国的一百个世界第一》,作为中国儿童的科学启蒙教育书。中国真有那么多的世界第一吗?还是让我们先探讨一下这本书的源流。

李约瑟

20世纪中叶,英国科学家李约瑟涉足研究中国古代科技史,提出了轰动世界的"四大发明"说。他很热衷于挖掘中国的"第一",在介绍中国的东西时,常常语出惊人。罗伯特·坦普尔的《中国的一百个世界第一》,就是在李约瑟《中国科学技术史》的基础上写成的。

实际上,李约瑟并不是一位职业汉学家,也不是一位历史学家。他37岁才开始自学汉语,不曾受过汉语和科学史的正规教育,只是在埋头实验工作之余，顺便涉猎而已。这一点，他的夫人鲁桂珍很坦诚地承认过。当然，没有系统地学习过，不等于就一定做不好研究。李约瑟关于中国科技史的研究在中国所产生的影响是极其巨大的，他的《中国科学技术史》在中国被奉为科技圣经。但李约瑟的研究也明显存在问题。最大的问题是，他常常从史料、随笔中去找到一点中国科学的闪光片断，就进行不实事求是的拔高。比如，他谈中国数学发展，根本不去研究中国古代的数学体系是什么，是否有专门的研究方向，数学作为一门学科在中国的发展轨迹，历代数学家研究的动机和问题的来源，只是找到零星的数学成就，比如宋代秦九韶的解高次方程等等，就得出结论说：中国古代数学发展成就巨大。

李约瑟的有些行为言论在今天看来几乎是笑谈。比如李约瑟在典籍中看到这样一个故事：西汉时期，汉武帝在平城，被匈奴冒顿单于围困。汉将陈平得知冒顿的妻子（匈奴叫阏氏）所统的兵将，是最为精锐剽悍的队伍，但阏氏好妒。于是陈平就命令工匠制作了一个精巧的美人。给她涂上胭脂，穿上漂亮的衣服，打扮得花枝招展，然后把她放在女墙（城墙上的短墙）上，发动机关，木头美人就翩翩起舞，姿态优美，招人喜爱。阏氏在城外对此情景看得十分真切，误以为真的是人间美女，生怕破城后冒顿会专宠这个中原美姬而冷落自己，于是就率领她的部队弃城而去。平城得以化险为夷。李约瑟认为，这个木头美人就是机器人，所以中国是世界上第一个发明机器人的国家！

敦煌石窟中有一幅画，画的是佛在打坐，群魔正在打扰他，有的妖魔从嘴里向外喷火。李约瑟就此得出结论说，这是中国最早的火焰发射器，或者是喷火枪的图片，证据确凿。

然后更进一步出结论，中国喷火枪的使用，晚于投射炸药包的火炮，早于火箭。

除此之外，李约瑟还认为中国人在春秋时期就有了“生化武器”——蛋；中国人制作豆腐的工艺，叫“激素结晶体提取法”；中国人的漆，叫“工业塑料”；中国的皮影戏，叫“麦卡托投影技术”；中国儿童玩具竹蜻蜓，叫“直升机水平旋翼和螺旋桨”；中国的冶金炉，叫“西门子式”炼钢法，等等。如此这般推演下去，中国人的第一恐怕不是一百个，而是一千、一万了。

西方学术界的一些人，一向不大接纳李约瑟。李约瑟写出《中国科学技术史》后，剑桥东方学院的学者依然不同他打交道，“一墙之隔”的剑桥大学科学史系也把他拒之门外。被称为西方“科学史之父”的萨顿还曾严厉地批判过他。这里面，除了门户之见或者东西方文化的隔阂外，他的有些做法违反科学常识，也是原因之一。

对于西方人关于中国的言论，有时真应该反着看，不能以为“洋大人”说的就是金科玉律。他们赞赏中国文化，其基础是批判和反思自己的文化。这种思维方式才是我们应该注意的。就好比邻居说我们家的孩子漂亮，我们决不能真的就“瘌痢头儿子自家好”起来，往往倒是要反过来想想，这家邻居倒是挺有礼貌的，也很擅长看到人家的优点。这才是我们应该学习的。鲁迅在《灯下漫笔》中对此有过犀利的分析，他甚至认为：“凡有来到中国的，倘能疾首蹙额而憎恶中国，我敢诚意地捧献我的感谢，因为他一定是不愿意吃中国人的肉的！”李约瑟也好，罗伯特·坦普尔也好，相信他们是热爱中国、热爱中国文化的，但我们却千万不可像阿Q那样，就此瞪着眼睛道：“我们先前——比你阔的多啦！你算是什么东西！”

叁 三国　南北朝

诸葛亮不是完人

在中国老百姓的心目中，诸葛亮的为人几乎是完美无缺的：若论忠，他与刘备情同鱼水，肝胆相照；若论才，他百战不殆，所向无敌。但这显然是人们把他理想化了。树立道德楷模、智慧榜样是出于人的本性的一种愿望，假如生活中没有，人们就会自己来塑造这样的楷模和榜样——诸葛亮，以及其他一些历史人物，就是这样被塑造出来的。

历史上的诸葛亮，在与刘备的关系上、在军事才能上，甚至在个人品德上，都不是无懈可击的。

诸葛亮

首先就是所谓的“白帝城托孤”。《三国志·蜀书·诸葛亮传》是这样记载的：“章武三年春，先主于永安病笃，召亮于成都，属以后事，谓亮曰：‘君才十倍曹丕，必能安国，终定大事。若嗣子可辅，辅之；如其不才，君

刘 备

可自取。’亮涕泣曰：‘臣敢竭股肱之力，效忠贞之节，继之以死！’先主又为诏敕后主曰：‘汝与丞相从事，事之如父。’”

这一个场景，与其说是托孤，不如说是一次试探和警告。刘备既然知道诸葛亮的才能十倍于曹丕，当然更清楚多少倍于刘禅。他正是意识到了诸葛亮取刘禅而代之的可能性，才在临终用这样一种正话反说的形式发出了试探。我们说他是试探，是因为刘备在听到诸葛亮“臣敢竭股肱之力，效忠贞之节，继之以死”的回答后，并不再坚持自己原来说过的话，而是立刻进入下一个话题：让刘禅父事诸葛亮。如果刘备真的是为蜀国着想，而不是替自己的儿子着想，他应该坚持自己的主张才对。

刘备的这番话也可以看作是对诸葛亮的警告，就是说，他借托孤的形式明确告诉诸葛亮：不要以为我没有看出你的野心。其潜台词是：既然我已经想到了，那么我必然也会有相应的措施。

诸葛亮对刘备话中的这层含义是非常清楚的。小说《三国演义》非常生动地描写了诸葛亮听到这番话之后的强烈反应：“汗流遍体，手足失措，泣拜于地……叩头流血。”如果刘备的话真是出自对诸葛亮的信任，诸葛亮何至惊吓成这副模样？如果说小说不足为凭，那么，刘备的话是明明白白写在史书上的，要是对诸葛亮十分信任，刘备又何苦作此试探和

警告？况且在当时的情况下，刘备既然捅破窗户纸，把“若嗣子可辅，辅之；如其不才，君可自取”的话挑明了，诸葛亮也只有以信誓旦旦效忠刘禅来作答，而不可能有别的反应。这样一来，好歹也在诸葛亮想要自己称帝的道路上设置了一道心理上、舆论上的障碍。刘备如此煞费苦心，欲擒故纵，所为何来？结论只有一个，那就是：刘备与诸葛亮君臣之间，并不像人们想象中的那样毫无嫌隙。

有的学者还特别注意到托孤之时在场的另一位重要人物李严。李严在刘璋时期就是东州集团中的佼佼者。自刘备入主成都以后，他在任上又屡次以少数兵力平定大规模的叛乱，充分表现了他的出色军事和政治能力。在刘备临终的前一年章武二年，李严已经被拔为尚书令，在官阶上可与诸葛亮比肩了。由诸葛亮照行丞相事，而李严则主掌内外军事，这样的分配正好能让二人互相制衡，以免有一方坐大。而从当时蜀汉政权的权力机构的构成和实力分配来看，我们有理由相信，刘备要防备坐大的一方，绝非是当时不处在权力中心和主导集团领袖地位上的李严。刘备将这样一个快速提升起来、以前从未进入过权力中心的政治新秀李严，列为两名托孤重臣之一，并且命其“统内外军事”，再联系“君可自取”的言语，显然说明刘备要防备、制衡的目标是诸葛亮无疑。

还有就是诸葛亮的挥泪斩马谡。这件事经由小说的渲染，洗脱了诸葛亮在这个问题上的所有责任，变成了诸葛亮治军严明的又一座丰碑。其实，起用马谡本身就是诸葛亮的一个严重错误。

《三国志·蜀书·马良传》记载：“良弟谡，字幼常，以荆州从事随先主入蜀，除绵竹成都令、越嶲太守。才器过人，好论军计，丞相诸葛亮深加器异。先主临薨谓亮曰：'马谡言过其实，不可大用，君其察之！'亮犹谓不然，以谡为参军，每引见谈论，自昼达夜。……建兴六年，亮出军向祁山，时有宿将魏延、吴壹等，论者皆言以为宜令为先锋，而亮违众拔谡，统大众在前，与魏将张郃战于街亭，为郃所破，士卒离散。亮进无所据，退军还汉中。"诸葛亮对这位只擅长纸上谈兵的马谡"深加器异"，暴露出他识人的眼光有问题，这正是用兵者的大忌。所幸刘备在这个问题上还算目光犀利，发现了马谡"言过其实"的毛病，并告诉了诸葛亮。但诸葛亮在这个问题上，并没有像他在《出师表》中所说的那样，时时刻刻把"先主"放在心上，相反，他对刘备的警告置若罔闻，可以想见，屡建战功的诸葛亮，在那时已有了自以为是、自高自大的毛病。最后，正是由于他刚愎自用，"违众拔谡"，直接导致了街亭失守、进无所据的被动局面。尽管小说试图把他塑造成战无不胜的神人，但事实上，他还是有军事上的失误、甚至是严重失误的。

《三国志·蜀书·法正传》记载："正为蜀郡太守、扬武将军，外统都畿，内为谋主。一餐之德，睚眦之怨，无不报复，擅杀毁伤己者数人。或谓诸葛亮曰：'法正于蜀郡太纵横，将军宜启主公，抑其威福。'亮答曰：'主公……当斯之时，进退狼跋，法孝直为之辅翼，令翻然翱翔，不可复制，如何禁止法正使不得行其意邪！'"就是说，法正在蜀郡作威作福，甚至到了为小小一点嫌隙而草菅人命的地步，于是有人希望诸葛亮去跟刘备说说，抑制一下他，诸葛亮却一口回绝了。他的理由是，法正辅佐刘备立了大功，现在他想干点什么事，为什么要

阻止他呢？如果说，在其他问题上，诸葛亮所犯的错误还可以理解的话，那么，在这个问题上，诸葛亮的作为就不大能让人原谅了。辅佐刘备有功的人就可以为所欲为，这是什么逻辑！这里的诸葛亮不要说爱民如子，连老百姓的性命都没放在心上。可见诸葛亮毕竟是个封建官员而已，他是不可能像传说的那样完美无缺点的。

诸葛亮挥泪斩马谡了吗？

诸葛亮挥泪斩马谡是非常有名的三国故事，京剧中有所谓“失、空、斩”的传统剧目，也即《失街亭》《空城计》和《斩马谡》。故事大意说：司马懿率军出关，马谡自告奋勇，立下军令状去守街亭。在街亭，马谡不听王平劝告，将军队驻扎在山上，被魏军四面围定，断了水路，军中大乱，仓皇间失了街亭。司马懿引大军五十万，望西城蜂拥而来。诸葛亮万不得已，使用空城计，吓退司马懿，为退兵汉中赢得了宝贵的时间。为了严明军法，诸葛亮挥泪将马谡推出辕门外斩首。

司马懿

需要说明的是，诸葛亮非常赏识马谡，平时和他关系极好，谈起话来，可以从白天一直讲到晚上。在小说中，马谡说自己与诸葛亮情同父子：“丞相视某如子，

某以丞相为父。”诸葛亮说与马谡情同手足：“吾与汝义同兄弟，汝之子即吾之子也”——总而言之，关系非同一般。诸葛亮之所以赏识马谡，是因为马谡自幼熟知兵法，才气过人。针对南人难以驯服的特点，马谡提出了“攻心为上，攻城为下；心战为上，兵战为下”的攻心策略。这一策略被诸葛亮实施为“七擒孟获”，保证了南方边境的长治久安。针对蜀国“兵马疲蔽”，民怨沸腾，马谡适时提出“只宜存恤，不宜远征”的休养策略。北伐前夕，靠马谡的计谋，诸葛亮成功地离间魏国曹睿、司马懿君臣，为北伐奠定了胜利基础，才使得诸葛亮败夏侯，收姜维，破羌兵，灭王郎，紧接着连克南安、安定、天水三郡，曹魏举国震惊。

诸葛亮

就是这样一个情同父子、意气相投的马谡，诸葛亮还是将他正法了。关于这个故事，后人大多说这是诸葛亮执法严明的表现，如上面所提到的那些戏剧，基本上都是这样表现的。但也有人说，这是诸葛亮在掩饰自己的过失。北伐失败后，诸葛亮上表自贬：“臣以弱才，叨窃非据，亲秉旄钺以厉三军，不能训章明法，临事而惧，至有街亭违命之阙，箕谷不戒之失，咎皆在臣授任无方。臣明不知人，恤事多闇，春秋责帅，臣职是当。请自贬三等，以督厥咎。”然而，他也知道，仅仅是“授任无方”“明不知人”这样的说法，是不可能摆脱李严，甚至于是魏延、吴壹等人的责难的，他需要有个人来承担责任，以便给自己一个脱身的机会，而这个机会显然就只能来自于马谡。于是其后果终于、也只能是“戮谡以谢众”，诸葛亮则贬为右将军，但是却依然“行丞相事，所总统如前”。马谡做了他的替罪羊，成了蜀汉内部政治和权力斗争中的牺牲品。还有人说，马谡只会纸上谈兵，刘备临终时特地关照：“此人言过其实，不可大用”，诸葛亮却偏让他去守街亭，本身就是一个错误。也有人说，善于小征小战的能手不一定是个运筹帷幄的将军，一个运筹帷幄的将军也不可能是个能征善战的将士。汉高祖不是说了嘛：“夫运筹帷幄之中，决胜千里之外，吾不如子房；镇国家，抚百姓，给馈饷，不绝粮道，吾不如萧何；连百万之军，战必胜，攻必取，吾不如韩信。”人各有其才。马谡是个具有战略眼光的高参，而不是能征善战的将军，诸葛亮把马谡放错了地方……可要是有人说，诸葛亮根本就没有挥泪斩马谡，你信不信？

然而，这却是事实。

传说中，马谡在失街亭后让人把自己捆绑起来，跪在诸葛亮面前认罪。诸葛亮宣布判处他死刑。马谡大哭，请求诸葛亮照看他的儿子，诸葛亮流着眼泪答应了。参军蒋琬试图挽留马谡的生命，诸葛亮回答说：“昔孙武所以能制胜于天下者，用法明也。今四方之争，兵戈方始，若复废法，何以讨贼耶？合当斩之。”杀了马谡后，诸葛亮更是大哭，后悔自己没有听刘备的话，错用了马谡。小说《三国演义》以及一些戏剧都是这样表现的。但事实上，马谡在失街亭后并没有像广为流传的那样去诸葛亮那里自缚请罪，恰恰相反，他选择了逃跑。后来，马谡缉捕归案，被诸葛亮判处死刑。但还没来得

及执行，马谡就在狱中病故。所以，根本不存在挥泪斩马谡的事，传说故事所营造的“情”与“法”的冲突虽然非常动人，也很有意义，但却不是真的。

与马谡关系很好的向朗（向宠的叔父），在马谡潜逃后，因知情不报而被革职，优游无事达二十年之久。

关羽到底好不好色?

中国历史上,有些男人的不好色是出了名的。名气最响的,当推坐怀不乱的柳下惠。这柳下惠,不仅是在面对美色的时候不乱心志,甚至在与美人作肌肤之亲(当然,不是示爱,而是救命)的时候也把握得定,的确很了不起。还有一个宋玉,据他自己说起来,也很有点定力。邻家一个倾国倾城的女子,趴在墙上含情脉脉地看了他三年,他竟然毫不动心。三国时候的关羽也可以算上一个这样的好汉。

关 羽

关羽降曹以后,曹操让他与刘备的两个妻子"共处一室",关羽"秉烛立于户外,自夜达旦,毫无倦色"。如果说,刘备的妻子算起来也是关羽的嫂子,这里面有伦理问题的话,曹操送来的另外十个美女,应该讲是关羽受之无愧的。但关羽也不闻不问,"尽送入内门,令伏侍二嫂"。临走之

时，也不忘将“美女十人，另居内室”。有意思的是，曹操送给关羽美女的同时，也送了美酒。对于美酒，关羽是照喝不误；对于美女，他却断然拒绝了。按理说，他也可以像享用曹操的美酒那样享用美女，然后一走了之，并不欠他什么。然而，关羽却没有这么做。这一切都明白无误地告诉我们，关羽是个好汉，不好色的好汉。

然而，事实果真如此吗？

《三国志·蜀书·关羽传》中，记载了这么件事：曹操与刘备把吕布包围在下邳，关羽向曹操请求说：吕布让秦宜禄去讨救兵了，秦宜禄的妻子杜氏还留在下邳，攻下下邳后，是否可以让我娶杜氏为妻？曹操答应了。快要攻破下邳的时候，关羽又三番五次向曹操提出这一请求。这倒让曹操在意起来，觉得这杜氏一定美貌异常。于是派人把杜氏接来看看。这一看，曹操就被迷住了，他顾不上食言，把杜氏留在了自己身边。

《三国志·魏书·明帝纪》里，写到了关于秦宜禄的另一些事情，正好可以作为《关羽传》中所讲的故事的注脚。秦宜禄是秦朗的父亲，下邳被围时，他被吕布派到袁术那儿讨救兵，袁术不知出于什么动机，不管秦宜禄已有妻室在下邳，把一个汉朝的宗室女子嫁给了他。这就成就了关羽求娶杜氏的前提。

曹操横刀夺爱，这且不去说他。在攻城打仗的紧急关头，关羽居然动了这番脑筋，他那不好色的美名恐怕也值得怀疑。在战前提出要娶杜氏，不仅说明他有渔色之心，而且很难洗刷以此作为勇猛作战的交换条件的嫌疑。最可笑的是，眼看破城在即，不是为战争的胜利而高兴，而是唯恐杜氏不能到手，一而再、再而三地将求娶杜氏挂在嘴上，好色之心太重，最终自食其果。

由此可见，关羽并非像传说中那样拒女色于千里之外，我们之所以会留下那样的印象，多半来自于小说。《三国演义》所描绘的是一个英雄时代，而这个英雄时代的一个显著特征就是鄙视两性关系。几乎所有牵涉两性关系的描写都是带有贬意的，如“董太师大闹凤仪亭”，“曹丕乘乱纳甄氏”等等。英雄们都以克服爱欲为荣。赵云那样一个好脾气的人，因为赵范提出要将自己美丽的寡嫂嫁给他，竟然说翻脸就翻脸。刘备为此居然还表扬他说：“子龙真丈夫也。”刘备自己呢，虽然一而再、再而三地娶过几任妻小，但这只是为了不至于“中道而废人伦”，何况他还发过“妻子如衣服”，“衣服破，尚可缝”的高论，明确表示了他对异性的蔑视。如同巧合似的，这种鄙视两性关系的态度也出现在中国的另一本英雄传奇小说《水浒传》中。那里面的英雄们也个个都是不好女色的铁汉子。非但不好女色，不少好汉还都有过杀戮女性的“壮举”：宋江杀了阎婆惜，杨雄杀了潘巧云，武松杀了嫂子等等。只有个把好汉在这个问题上例外，像矮脚虎王英、小霸王周通，而这个例外是被弟兄们当作“毛病”来嘲笑的。可见，创作于中国古代的英雄，并不像金庸、古龙笔下的好汉，他们是绝对鄙视两性关系的。关羽就是在这样的文化背景下，成了不好女色的英雄。如果我们信以为真，那就上了小说家的当了。

顺便要说的是，后来杜氏在曹操处生下了她与秦宜禄的儿子秦朗，曹操对母子俩都很喜爱。秦朗历曹操、曹丕、曹叡三代，宠信一直不减。明帝曹叡的时候，官做到骁骑将军、给

事中。车驾出入，秦朗时常跟随左右。曹叡亲热地叫他的小名“阿稣”，多次赏赐他，为他在京城中盖大宅第。大家都知道这秦朗没有什么能力，也不见他做过什么好事，但因为他和皇帝亲近，众人都争着送东西给他，使他比公侯还富有。

与儿子相比，他父亲秦宜禄就倒霉得很了。秦宜禄后来也投降了曹操，曹操让他做了铚长。刘备从曹操处出走小沛的时候，张飞曾经找过秦宜禄，对他说：“人家夺了你的妻子，你倒去做人家的什么长，也太没出息了！跟我走吧？”秦宜禄答应了，走了几里路后，又后悔起来，想再回去，被张飞杀了。

曹操妒才吗?

曹操作为政治家、军事家，其一生可以说杀人无数，其中有几个人，让他留下了千古骂名。一是被冤杀的，如吕伯奢和那个为他盖被子的侍从，让曹操给人留下了“狼心之徒”的印象；一是被屈杀的，如杨修和孔融，让曹操留下了妒才的坏名声。

曹操是不是个妒才的人呢？从表面上来看，似乎是的。杨修的确非常聪明，在蔡琰家，见到蔡邕手书在曹娥碑背面的“黄娟幼妇，外孙齑臼”八个字，在场的人(包括曹操)一时都想不出它的意思，唯有他却悟出这是“绝妙好辞”的意思(“黄绢”为有颜色的丝织品，“色”与“丝”加起来是“绝”字；“幼妇”是年轻的女子，“女”与“少”放在一起，是“妙”字；“外孙”是女儿的孩子，“女”和“子”加起来是“好”字；“齑臼”是捣药草

曹　操

的器皿，药尝着是苦的，“舌头”的“舌”加“苦辛”的“辛”就是“辞”字）。曹操视察新造的花园后，不置褒贬，只取笔在门上写了一个“活”字，别人都不明白，只有杨修知道曹操是嫌园门太阔，因为“门”里添个“活”字，不就是“阔”’吗？塞北送了一盒酥来，曹操在盒上写了“一合酥”三个字，置之案头，同样又是杨修猜出谜底是“一人一口酥”。孔融更是有才兼有德。孔融10岁时在李膺府上的妙语，一向是言语敏捷的典型例子；“孔融让梨”更是教育孩子礼让的形象化教材。但是，一件美丽的东西被毁，并不一定就是因为它美丽；同样的道理，曹操杀了杨修和孔融这样有才的人，也并不等于曹操妒才。

从历史上看，曹操是主张任人唯才的，他甚至认为“不仁不孝，而有治国用兵之术”的人也可录用。这倒不是说，曹操特别惜才，而是因为戎马倥偬之际，人才对他的事业至关重要。小说《三国演义》的作者深知这一点，他写曹操打败袁绍，统领众将进入翼州城时，许攸纵马近前，用马鞭指着城门说：“阿瞒，汝不得我，安得入此门?”许攸的这句话和这个动作可谓轻狂之极，“众将闻言，俱怀不平”。但曹操却“大笑”着接收了这一轻辱。为什么？因为许攸曾在曹操军粮紧缺的紧急关头帮助他打赢了乌巢之战。可见曹操并非没有肚量的人。

那么，曹操为什么要杀杨修和孔融呢？杨修世代簪缨，却只在曹操的相府中担任主簿之职，杨修对此是不甘心的，所以他常要卖弄聪明，期望自己的才智能够为曹操所赏识。曹操对他的卖弄早已心怀不满，因为他的才华好像专用于破译曹操的思想，而从不提供有积极意义的建议和计策，而且杨修似乎在故意炫耀他那种解读曹操的本领，并开始影响到曹操的政务。甚至在立庶立长这样敏感的问题上，杨修也屡屡出手。曹操故意一面命令两个儿子出邺城门，一面又秘密吩咐守门人，教不要让他们出去，目的是看他们如何反应，考察他们的才能。结果，曹丕果然被挡住了，曹植却斩杀守门人而出，于是曹操就认为曹植比较有才能。而实际上，这个主意是杨修出的，曹植至少在这个问题上并不比曹丕“能”。杨修的插手，干扰了曹操对两个儿子的考察，致使他作出了不正确的判断，终于引得本来就对他颇为反感的曹操起了“杀修之心”。杨修显弄聪明，希望得到重用，本无可厚非，但他过于专注地把目光集中在曹操身上（而不是军国大事上），以至除了解读曹操外，几乎一无建树。终于，他在将这种解读本领作了一次精彩的展示之后，赔上了一条性命。曹操以“鸡肋”作为夜间口号，他立即推断出：鸡肋就是食之无肉、弃之有味的意思；现在的情形就像鸡肋，进不能胜，退恐人笑；曹操有这样的心思，明天必定班师。这个推断须经几步周折，杨修做得可说是准确无误。但是这种破译有什么积极作用呢？没有。只有曹操所说的“乱我军心”的消极作用。在战场上，指挥官尚未下达撤退命令，部下却已纷纷打点行装，准备回家，这样的情况，即使在今天也是不能允许的。曹操的情绪在此时而上升为“大怒”，喝令刀斧手斩了杨修，并将首级号令辕门之外。

孔融也是名门之后，在当时名气很大，他却也因此而更加性格疏狂，出言无忌，目空一切。有一次，外戚何进荣升大将军，他前去拜贺，何进没有及时接见他，他就大光其火，一把夺回拜帖摔在地上，惹得何进大怒。孔融与袁绍的关系也非常之差。对曹操的主张，孔融经常持反对意见。公元200

年，曹操欲与袁绍大战，孔融坚决反对。曹操要远征乌桓，孔融却认为乌桓不过是草芥小患，不值得兴师北伐。曹操准备发兵讨平刘表时，孔融又持反对意见："天下初定，应稍微安定一段时间，再行征伐之事。"而且事实证明，孔融的意见并不见得高明。比如他所反对的官渡之战，结果却是大获全胜，成了军事史上以少胜多的典型战役。军旅之事如此，日常之事也同样如此。曹操为节约粮食，颁布禁酒令，孔融却给曹操写了一封信，专讲饮酒益处，还嘲讽曹操道："天上有颗'酒旗'星，地下有个'酒泉'郡，人有海量称'酒德'，帝尧'千锺'称圣人。您如果非要禁酒，就把婚姻也禁止算了。"就连曹操把袁绍的儿媳甄氏嫁给曹丕这样的家事，孔融也多嘴多舌，加以嘲讽。与杨修一样，孔融也难得有建设性意见，偶然出点主意，也没有给曹操带来什么好处。比如他上奏主张"尊崇天子，扩大君权，削弱诸侯权势"，这简直就是向曹操挑战；再比如他向曹操推荐祢衡，可祢衡却轻侮百官，在大庭广众面前撒野，击鼓骂曹。曹操杀他与杀杨修基本上是出于同样的原因。

可以说，曹操是这样的人：如果能为他的军国大事出良谋、划妙策，即使别的地方有点差池，他也能容忍；他最讨厌的就是耍嘴皮子卖弄聪明、又不能与他同心同德的人。对一个政治家来说，不能为己所用的才，纯属多余，如果还要以此卖弄的话，其下场就不会太妙了。就此而言，简单地说曹操妒才，是不确切的。

华佗何许人也?

华　佗

华佗,字元化,一名敷,沛国谯(今安徽亳县)人,生卒年大概在东汉末年汉安帝到汉献帝时代(公元108—208年),可能享年近百岁。他是我国古代的医术高手,精于方药、针灸和外科手术。他发明了施行外科手术时的麻醉药——麻沸散,还从虎、鹿、熊、猿、鸟的动作中获得灵感,创造了健身操——“五禽戏”。陈寿《三国志·华佗传》称:华佗“游学徐土,兼通数经”,并且“晓养性之术,时人以为年且百岁而貌有壮容。又精方药,其疗疾,合汤不过数种,若当灸,不过一两处,每处不过七八灶,病亦应除。若当针,亦不过一两处,病亦行差”。在陈寿的《三国志·方技传》中,还记载了华佗治病的许多奇事。《三国演义》则写到华佗曾替关羽“刮骨疗

毒”，施行了一次成功的外科手术，后来在替曹操治病时，因为曹操“头脑疼痛，因患风而起。病根在脑袋中，风涎不能出，枉服汤药，不可治疗”，因而建议“先饮麻肺汤，然后用利斧砍开脑袋，取出风涎，方可除根”。曹操认为华佗是想要加害于自己，于是把他下到狱中处死了。这位几乎是家喻户晓的名医，一直深受人们的崇敬和爱戴，直到20世纪末，忽然有消息从国外传来，说华佗原来不是中国人！

说这话的是个日本人，名叫松木明知，在日本弘前大学医学部麻醉科教研室工作。1980年，他在日本出版的《麻醉》杂志第9期，发表了题为《麻醉科学史最近的知见——汉之名医华佗实为波斯人》的文章。

这篇论文大致是依靠两点来推断出结论的：一是波斯人曾经由丝绸之路进入中原。李白一首诗歌曰：“胡姬貌如花，当垆笑东风。”所言的“胡姬”就是波斯人。二是“华佗”二字是波斯文XWadag的谐音。其含义为主或神。所以华佗不是人名，而是主君、阁下、先生的意思，引申到华佗个人的职业应是“精于医术的先生”之意。根据这两点，他断定华佗是经由丝绸之路而游学徐土（今徐州）的波斯人。

松木明知的两个论据分开来看都是可以成立的，但因为这两点就断定华佗是波斯人却显得理由不够充足。就好比英国传教士曾经到过中国是事实，某个中国人的名字可以和某个英语单词谐音相合也是事实，但我们却不能就此断定这个人一定是英国人。

其实，更早对华佗的身世产生怀疑的，是近代国学大师陈寅恪。

陈寅恪先生认为，华佗的真名应该叫“元化”和“敷”。这个人的原型，可能曾在中国存在，也可能真是沛国谯县一带之人，甚至也有可能“通晓”一些养生之术。但此人后来变成了“华佗”则和印度佛教有密切的关系。

首先，“华佗”不是人名是药神。

天竺语（即印度梵语）“agada”是“药”的意思，旧译为“阿伽陀”或“阿羯陀”，为内典中所常见之语。就好比佛教中“阿罗汉”可以省略掉“阿”，就称“罗汉”一样，“阿伽陀”也可以省去“阿”字，变成“gada”，用古音来读，就是“华佗”二字。民间称“华佗”，就是“药神”的意思。

其次，华佗的故事来自印度。

华佗的神奇医术，绝大多数是从印度神话故事中抄袭来的。陈寿的《三国志》记载，华佗治病时，对必须动手术剖开切除的，便让病人服下麻沸散，然后再破腹取出患结。病患如果是在肠子里，就切开肠子进行清洗，再把腹部缝合，在伤口敷上药膏，四五天后伤口便痊愈了，不再疼痛，病人自己也没有感觉，一个月左右，伤口就会完全长好。这其实是印度神医耆域替拘闪弥长者儿子治病的故事。

再如，华佗治广陵太守陈登的病以及他为曹操疗疾以至送命的事，也和耆域的故事相似。耆域也是因为医暴君的病，差点儿被他所杀。

陈寅恪这篇题为《三国志曹冲华佗传与佛教故事》的文章发表后，学者有赞同的，也有反对的。林梅村先生在《麻沸散与汉代方术之外来因素》一文中就支持陈先生的说法，他说，“agada”在梵语中的实际含义是解毒剂，多指丸药。麻沸散实为天竺胡药，“华佗其名或来自五天梵音，其医术有印度因素，则事在情理之中。”并称：“只要认真观察华佗行医的社

会环境，就不难发现陈说并非臆测。”

广东华联大学的庞光华先生则认为，华佗医术中含有古天竺(古印度)的分子可能是事实，但要说华佗这个名字为梵文“agada”的译音之说，恐怕不能服人。梵文“agada”作名词时是香药之名，特指解毒剂，中译为“药”或“丸药”，音译为“阿伽陀”或“阿羯陀”。但需要说明的是，梵文中的“agada”决不能省作“gada”。据《梵和大辞典》和《佛教语大辞典》可知，“阿伽陀”为“无病”“健康”之意。而且古人的名和字是相对应的，华佗名佗，字元化，本身是相对应的。古书中“佗”当读为“施”。古书中施与德、泽、惠、仁相联。德与化相应，合则言德化。所以化与施相配。深合古人的心，有什么值得怀疑的呢？如此说来，华佗这个名字自然和印度神话扯不上边。

不管如何众说纷纭，华佗是中国历史上的一位被理想化、神话化的杰出的医学家，这应该是不成问题的。

华佗为何被杀?

华佗死于非命，这是大家都知道的。至于他的死因，很多人归咎于曹操的多疑。

曹操为了修造建始殿，亲自挥剑砍伐跃龙祠前的梨树，得罪了梨树之神，当晚做了个噩梦，惊醒之后便得了头痛顽症，遍求良医，均不见效。后来，华歆向曹操举荐了华佗。华佗的大名，曹操早已听说过，知道他是“江东医周泰者”；华佗

华佗墓

的神奇医术，曹操也听华歆介绍过，于是立马差人星夜将华佗请来为他看病。华佗认为曹操头痛是因中风引起的，病根在脑袋中，不是服点汤药就能治好的，需要先饮“麻肺汤”，然后用利斧砍开脑袋，取出“风涎”，才可能去掉病根。多疑的曹操以为华佗是要借机杀他，为关羽报仇，于是命令左右将华佗收监拷问，致使一代神医屈死在狱中，华佗所著的《青囊书》也因此失传。曹操自己也最终送了命。

这个故事经由罗贯中的小说《三国演义》的传播，流传得很广，以致“曹操杀华佗”几乎成了“多疑”并“自作自受”的代名词。其实，这个故事中的破绽很多。

剖开脑袋来取“风涎”，是一个比“刮骨疗毒”更大的外科手术。奇怪的是，华佗却并没有像在关羽面前那样，多注意一点病人的心理承受能力。关羽要治伤，华佗的第一句话便是：“某自有治法。——但恐君侯惧耳。”在关羽表示“吾视死如归，有何惧哉”后，华佗介绍了他刮骨疗毒的手术方案，末了再强调一遍：“但恐君侯惧耳。”此话激起了关羽的雄心，干脆连柱环也不要，演出了“帐上帐下见者，皆掩面失色。公饮酒食肉，谈笑弈棋，全无痛苦之色”的悲壮一幕。可是，将要对曹操施行的这个听起来相当可怕的手术，华佗却和盘托出，并无一句话能让曹操有个心理准备。尽管华歆已经向曹操介绍过华佗“医术之妙，世所罕有”，并特别介绍人患“五脏六腑之疾”时，华佗会“以麻肺汤饮之，令病者如醉死，却用尖刀剖开其腹，以药汤洗其脏腑，病人略无疼痛。洗毕，然后以药线缝口，用药敷之；或一月，或二十日，即平复矣”。但此时曹操早已忘得一干二净，出于害怕，他脱口而出说：“汝要杀孤耶！”

华佗满可以向曹操陈述一下自己只有医人之心，而无杀人之意，但他却不说，只答道："大王曾闻关公中毒箭，伤其右臂，某刮骨疗毒，关公略无惧色；今大王小可之疾，何多疑焉？" 砍开脑袋与划开手臂相比，怎么会是"小可之疾"呢？这个回答也未免太不合情理了。所以曹操说："臂痛可刮，脑袋安可砍开？"而且华佗应该知道关羽和曹操的特殊关系，在这种情况下提到关羽也是不合适的。曹操很自然想到"汝必与关公情熟，趁此机会，欲报仇耳"！于是呼左右把华佗拿下狱中，拷问其情。一代神医就此屈死狱中。

很显然，小说作者罗贯中在这里是要让曹操的怯懦多疑和关羽的英雄气概形成一个对比，同时也想通过华佗对两人的不同态度显示出他的爱憎，但这样一来，神医华佗就成了一个只精通医道而不懂得病人心理的大夫，死得有点冤枉。

历史上，华佗的确死在曹操手里，但却不是因为曹操的多疑，而是由于华佗自身的原因。据《三国志》记载，华佗曾多次医好过曹操的头疼，但后来却不从征召。曹操多次写信催他回来，还曾命令郡县官员将华佗遣送回来，可华佗就是不肯回来。我们可以想见曹操在头疼欲裂时的愤怒。他派人将华佗拘捕押送回来，交付许县监狱，审讯后本人认罪。荀彧替华佗向曹操求情，曹操不理，将华佗给处死了。

华佗这样死去，大部分人觉得这是他有骨气的表现，也有学者认为，华佗的死是由于他性格乖戾，而性格乖戾的直接原因，是他强烈的仕进愿望。

就社会的大背景而言，华佗所生活的东汉时期，社会上读书做官的热潮已经达到顶点，公卿大多数是熟悉经术者，汉顺帝时太学生多达 3 万人，学儒读经成为社会风尚，而医

药技术虽为上至帝王、下至百姓所需，但却为士大夫所轻视，医生的社会地位不高，名医弃医从政的例子很多。这种社会风尚不能不对华佗有所影响。

就华佗个人的情况而言，据《三国志·魏书·方技传》记载，华佗年少时曾经在徐州一带游学，“兼通数经”，“本作士人，以医见业，意常自悔”。也就是说，他对自己走上行医这条道路有后悔之心。再加上他医术高明，名气大，前来请他看病的高官权贵越来越多。在跟这些人的接触过程中，他的失落感更加强烈，性格也变得乖戾了。范晔《后汉书·方术列传》说他“为人性恶，难得意”。曹操认为，华佗明明治得了自己的病，却故意拒绝，分明是一种要挟，说：“佗能愈此。小人养吾病，欲以自重。”曹操岂是一个受得了要挟的人？当然不愿满足华佗希望获得官爵的要求。华佗覆水难收，越闹越僵，直至曹操依照汉律，以“欺骗罪”和“不从征召罪”将他判处死刑。

这样的说法当然不无道理，不过还是分析的成分居多。要说事实，那就是华佗确有“不从征召”的事，至于到底为什么“不从征召”，那恐怕只有九泉之下的华佗自己才明白了。

真有貂蝉这个人吗？

说到中国古代的四大美女，人们的脑子里立刻会浮现出一些生动的画面：出塞的昭君，浣纱的西施，醉酒的贵妃，还有就是拜月的貂蝉。这些画面已经因其美好而牢牢地在国人的头脑中扎了根。然而，关于这四大美女，却有大量的虚幻不实之词，从历史真实的角度来说，这里面真可以说是谎话连篇。我们先来看一看貂蝉。貂蝉的知名度似乎并不比《三国演义》中的“三绝”曹操、关羽和诸葛亮低多少。然而，历史上到底有无貂蝉其人呢？我们且来看看这个把群雄逐鹿的战场点缀得色彩斑斓的女子究竟何许人。

画家笔下的貂蝉

在正式史册中，并不见有貂蝉的名字。《后汉书·吕布传》有这么一段记载：“卓以布为骑都尉，誓为父子，甚爱信之。尝小失意，卓拔手戟掷之，布拳捷得免，布由是阴怨于卓。卓又使布守中阁，而私与侍婢私通，益不自安。”这个与吕布私通的“侍婢”，我们几乎理所当然地认为就是貂蝉，而董卓与吕布的怨隙，也与女人有密切关系。《三国演义》“董太师大闹凤仪亭”的故事，就是因此生发出来的。在正史中，“侍婢”仅仅是一个符号性人物，根本没有什么个性色彩。我们连她长什么模样都不知道，更不用说美不美了。后来在传说中，貂蝉的面目变得越来越生动，终于由“侍婢”这一符号而变成了光彩夺目的美女形象。

唐代诗人李贺写过一首《吕将军歌》，其中有“榼榼银龟摇白马，傅粉女郎大旗下”的句子，如果说，这里面已经有貂蝉的影子，那么她与吕布的关系已经确定下来，而且她可能是美的（至少是爱美的）。

到了元代，貂蝉的形象已经相当鲜明，元杂剧中已有以貂蝉为主角的戏，如：《锦云堂美女连环记》。戏中交代貂蝉本是忻州木耳村人，父亲叫任昂，貂蝉小字红昌，汉灵帝刷选宫女时选入宫中，专门执掌貂蝉冠，因此叫作“貂蝉”。后来皇帝把她赐予了并州刺史丁建阳，当时吕布是丁建阳的养子，丁建阳就把貂蝉配给了吕布。在黄巾之乱中，貂蝉与吕布相失，流落到司徒王允府中。一天，貂蝉在看街楼上望见有人摆着头踏在街上经过，那骑在赤兔马上的好像是吕布，于是就在晚上溜到花园中拜月烧香，希望能与吕布夫妻团圆。王允发现貂蝉的身世，设计出连环计。

《三国演义》中有关貂蝉的章节基本情节也差不多，可见这是当时流传的民间故事。不过,在《三国演义》中,罗贯中对貂蝉的身份作了一个重要的改变:她不是吕布失散的妻子,而是自幼选入王司徒府中的一个歌伎。身份一变,貂蝉去实施连环计的动机就变了。她不是为了早日和吕布团圆,而是为了替王允分忧解难,为了报答王允的"大义",她许以"万死不辞"。貂蝉由渴望夫妻团圆的普通女子变成了义气干云的女中丈夫。

可惜到了明代,貂蝉的命运就不大妙了。人们似乎对貂蝉前面所做的事情已经麻木,而渴望知道她后来怎么样了。明代杂剧《关大王月下斩貂蝉》交代了貂蝉的下场:吕布失败后,曹操别有用心地将貂蝉送给了刘备,为了不蹈董卓、吕布的覆辙,关羽将她斩于月下。

设想出这样一个结局,是很中国化的。如果从政治斗争残酷的角度来揭示人物,尤其是女性的悲剧命运,倒也不失为深刻,但是编剧者显然心不在焉,他所要表述的是对"女人是祸水"这一"真理"的清醒认识。可悲的是,后来的戏曲剧目对此还情有独钟,清代有《斩貂》,近代的汉剧、徽剧、川剧也都有同题材的剧目。尽管子虚乌有,但却反映了我们的文化中令人丧气的一面。

也有学者认为貂蝉实有其人,梁章钜就是一个代表。他在《归田琐记》中说:"貂蝉事,隐据《吕布传》,虽其名不见正史,而其事未必全虚。"而到了《小栖霞说稗》,则肯定"是蝉固实有其人"。说是这么说,真正要拿出信得过的依据来,却不是那么容易的。

也有人为貂蝉的命运一辩,如近人周剑云的《论斩貂蝉》:

“貂蝉无可责之罪，吕布亦非可责貂蝉之人……彼三姓家奴，人品去貂蝉远甚，貂蝉不骂吕布足矣，布有何辞责骂貂蝉乎？若关公者，熟读春秋者也。西子奉勾践命，志在沼吴，与貂蝉奉司徒命，志在死卓、布父子，同一辙也。关公不责西施，而乃月下斩貂蝉？余敢谓关公圣人，必不为此杀风景事！”

其实，如果关羽真的杀了貂蝉，那正是因为他是“圣人”。试想，凡夫俗子，见一个美女在眼前，如何舍得杀她？而“圣人”的境界就不一样了，“圣人”有他神圣的信念，为了这个信念，他可以做许多常人所做不到的事。这是“圣人”之所以为“圣人”的原因，也是我们对“圣人”从来只有敬佩而不会喜欢的原因。不过，我们这又把貂蝉当作真人真事来讨论了，还是还历史以真实吧——我们其实不认识貂蝉。

莫愁湖是个误会

在江苏省南京市水西门外，有一个美丽的湖泊，人称“莫愁湖”。莫愁湖周长约3公里。清代的时候，号称“金陵第一名胜”。后来，莫愁湖周边的建筑毁于兵燹，湖身也淤塞了。建国后，重新修建了莫愁湖公园，有胜棋楼、郁金堂、湖心亭、水榭等胜迹。人们都说，南京有莫愁湖，是因为有个美丽的女子叫莫愁……

莫愁女

关于莫愁，或称莫愁女，也有说她姓卢，名莫愁。在一些以《莫愁女》为名的戏剧中，莫愁的故事大致是这样的：明代永乐年间，南京中山王府中来了一个烧火丫头。这女孩虽然娴静美丽，却总是愁眉紧锁、不见笑容。中山

王徐达的孙子徐澄觉得这个女孩很特别，为她取名莫愁，意思是让她不要这么忧愁。徐澄还请求祖母将莫愁赐给自己做伴读丫鬟。原来，莫愁出身在官宦之家，父亲因为直言进谏得罪了皇上，受到严厉的处罚，她也被没籍为奴。几个月伴读下来，莫愁和徐澄产生了感情，两人深深相爱。徐澄希望自己能通过读书上进，将来到朝廷为官，好替莫愁一家平反昭雪，讨回公道。正当这一对年轻人沉浸在美好的憧憬中时，徐澄的祖母却另有打算。虽然中山王徐达是开国元勋，但此时已荣光不足。她为了振兴门庭，强迫徐澄和当今丞相的女儿邱彩云成亲。邱彩云是心肠歹毒的女人，她得知徐澄与莫愁相爱，尤其得知莫愁有一双漂亮的大眼睛，就借刀杀人，夺走了莫愁的双眼。莫愁双目失明，悲愤地投湖自杀。徐澄也殉情而亡。莫愁自杀的那个湖，就被叫作莫愁湖。浙江的越剧、山东的吕剧、安徽的黄梅戏等，都有《莫愁女》的剧目。

莫愁女的故事广为流传，直到今天，除了南京有莫愁湖公园之外，还有莫愁路，另外还有以莫愁为题的歌曲，以莫愁命名的杂志，金庸也用莫愁替他小说《神雕侠侣》中的人物命名。但是，关于莫愁湖的种种却是个误会。

在古代传说中，有两位名叫莫愁的女子。一个出现在梁武帝的《河中之水歌》中，歌中唱道："河中之水向东流，洛阳女儿名莫愁。十五嫁为卢家妇，十六生子字阿侯。"明确说莫愁是洛阳人。另一个出现在唐代郭茂倩《乐府诗集》中所收的《莫愁乐》中，说："莫愁在何处？莫愁石城西。"南朝陈智匠《古今乐录》也说："石城西有女子名莫愁，善歌谣。"也很明确地说，莫愁是石城人。石城唐代的时候在竟陵，相当于今天湖北钟祥。这里提到的两个莫愁，一个在河南洛阳，一个在湖北石城，哪一个都和南京没有关系。后来的民间传说为了弥补这个破绽，附会说：莫愁 15 岁的时候，从家乡河南嫁到南京的卢家做媳妇。卢家虽然富裕，但莫愁却还是时常思念乡邻，还有她青梅竹马的意中人。后来，她的丈夫又被征出塞，使莫愁更加忧愁万分。为了求得解脱，莫愁大行善举，帮助别人排难解忧，在化解他人忧愁的同时，自己的愁绪也得到了解脱。于是，莫愁的名字就传开了……

其实，那湖北的莫愁搬到南京，仅仅是因为莫愁所生活的石城，和南京的别称石头城一字之差，不知什么人、也不知在什么时候，有人把石城误作石头城，于是，莫愁就从湖北（或河南）搬到了江苏的南京。人家湖北钟祥至今都不认这本账，还是有自己的莫愁湖，近年还成立了莫愁湖经济技术开发区。

从历史记载上来看，莫愁女并没有那么多传奇的故事。她应该是个出色的民歌手。《旧唐书·音乐志》记载："《莫愁乐》出于《石城乐》，石城有女子，名莫愁，善歌谣。"这则材料和上面所提到的《乐府诗集》《古今乐录》相同，都是在讲音乐的时候讲到莫愁。由于她"善歌谣"，她所演唱的歌曲成了石城地方音乐的象征，所以有了专门叫作《莫愁乐》的古代乐曲。今天尚在流传的江南民歌《莫愁》，可算是对莫愁这位音乐天才的一点纪念吧。不过，由于在籍贯上的误会，"莫愁湖畔走，秋夜月当头……"用的完全是江南民歌的曲调，若是古时的《莫愁乐》，怕该不是这样的吧？

木兰回家以后怎样?

“古有花木兰,替父去从军,今有娘子军,扛抢为人民……”这首《红色娘子军连连歌》曾经唱彻大江南北,其中关于花木兰的典故也可以说是家喻户晓。花木兰的故事最早见于北朝民歌《木兰诗》,说木兰的父亲被可汗(古代西域和北方诸国对君主的称呼)点兵(大规模征兵)的时候点到,由于“阿爷无大儿,木兰无兄长”,木兰女扮男装,替父从军。在军中度过了十年岁月,木兰战功赫赫地凯旋。皇帝问她想要什么,木兰的回答是:我不要高官厚禄,我只要回家。木兰回到家乡,脱下战袍,恢复女儿装。伙伴们大为惊讶,说:“我们同行十二年,不知木兰竟然是女郎!”这个故事经由民歌的传唱,广为人知。明代的剧作家徐渭创作了杂剧《四声猿》,第一出就是《雌木兰》,在舞台上敷演这个木兰替父从军的故事。不过,在所有这些传说和文学作品中,都没有提到木兰回家后怎样。

明代朱国桢《涌幢小品》中也记录了木兰的故事,这个木兰姓魏,是曹操的同乡——“亳之谯人也”(今安徽亳县)。朝

画家笔下的花木兰

廷为征辽而招募兵丁的时候，点到了木兰的父亲。木兰看到父亲已经老弱，弟妹又还幼稚，于是决定替父从军。她穿着铠甲，挟弓带箭，跃马而往。这一去，去了十八年，没有人知道她是女的。凯旋后，天子表扬他的功劳，赐给她尚书的官职，她辞谢不受，恳请回乡省亲。回到谯，她脱下戎装，换上她旧日的衣裳，同行的人都大吃一惊——到这儿为止，与其他的木兰故事没有什么两样，后面部分则是其他木兰故事中没有的：

众人觉得这件事非常稀奇，简直从来没有听说过，于是把这事告诉了皇帝。隋炀帝是个纵恣酒色的人，觉得木兰这样的女人很奇特，就把木兰召进京来，想要纳她入宫。木兰坚决拒绝，说："没有臣子和陛下配对的道理！"她以死抗争，最后迫不得已，就自杀了。隋炀帝既感到惊奇，又很怜悯她，追赠她为将军，谥孝烈。土人为她建了庙宇，每年的四月初八祭祀她，因为这天是木兰的生日。

这个木兰和先前的木兰有几个不一样：

首先是姓氏不一样，她姓魏，以前讲到木兰，大部分说姓花，有的说姓杨，还有人说她就姓木。其次是时代不一样。

隋炀帝

北朝民歌中吟咏的人物，当然应该生活在北朝之前，可在《涌幢小品》中，这则故事背景则在隋炀帝时代。再次是时间不一样。《木兰诗》中出现过两个时间概念，一个是“将军百战死，壮士十年归”；另一个是“同行十二年，不知木兰是女郎”。如果我们把前面的“十年”看作是与“百战”相对应的虚数，那么，后面这个数字应该是确切的，因为按照诗歌的节奏，也可以在这儿说“十四年”或“十六年”，当然也可以像《涌幢小品》中说的“十八年”。还有就是《涌幢小品》中有一个细节写得比较好，就是它特别提到木兰的父亲老弱、弟妹幼稚。《木兰诗》只说“阿爷无大儿，木兰无兄长”，就是说木兰家没有大男孩子，但这并没有说出木兰的父亲不能从军的原因。

除了这些细部的区别，这个故事的前半部分与先前的木兰故事一模一样，很难说这完全是两回事。合理的推测是，朱国桢是在原有的木兰故事的基础上再创作的。不过《涌幢小品》写得有名有姓，有时间有地点，还有谥号，看起来倒像是比《木兰诗》更信实。

有关木兰最后结局的部分情节，在清代女作家陈端生的长篇弹词《再生缘》中也出现了。作品中的孟丽君女扮男装，得中状元，升任右相。皇帝探明真相，欲纳孟丽君为妃，遭到拒绝。看来，在百姓的心目中，皇帝都是些好色的家伙，看到有点才情的女子就想占为己有。皇帝的这种要求，毫无疑问能为她们带来荣华富贵，这正是很多人梦寐以求的，但像木兰和孟丽君这样的女子却坚决地拒绝了，她们甚至不惜用生命来捍卫自己的尊严，这样的气节，真令人肃然起敬。

所以，不管木兰是否真有其人，也不管木兰最终到底有没有自杀，她永远是我们中华民族心目中的女英雄。

肆 唐宋

唐僧取经是李世民派去的吗？

唐僧取经是中国老百姓耳熟能详的故事，很多人都知道唐僧是唐太宗派出去的。因为唐僧肯上西天取经，唐太宗还与他拜为兄弟，称他为“御弟圣僧”。临行之时，唐太宗为他准备了取经文牒，用了通行宝印，还赐了一个紫金钵盂，给他沿途化斋之用。另有两个长行的从者和马匹。

可事实上，唐僧并没有这么好的福气，有关唐太宗的种种都是民间传说，后来又被吴承恩写进了小说《西游记》。

历史上的唐僧本名叫陈祎，洛州缑氏（今河南偃师缑氏镇）人，生于隋文帝仁寿二年（公元 602 年），卒于唐高宗麟德元年（公元 664 年）。隋炀帝大业末年出家，法名叫玄奘，通称三藏法师，俗称唐僧。他是唐代高僧，佛教学者，与鸠摩罗什、真谛并称为中国佛教三大翻译家，唯识宗的创始人之一。

玄奘博通经论，觉得翻译过来的佛教典籍分歧很大，他在国内遍访名师，还是难得定论，就决心到天竺（古印度）去，通过广求异本，相互参验，来求得解决。

唐太宗贞观三年（一说元年，公元 629 年），他跟着一些

玄　奘

西行的商人从凉州出玉门关西行赴天竺。在那烂陀寺从戒贤受学，后又游学天竺各地。他辨博出众，所到之处必讲经释疑，并同一些学者展开辩论，在西域名声大震。

玄奘有很强的语言能力，《旧唐书·方伎传》说他："在西域十七年，经百余国。悉解其国之语。"玄奘是在唐太宗贞观十九年（公元645年）回到长安的，从时间上说，历时17年的说法完全正确。至于通晓一百多个国家语言的说法，可能语涉夸张了一点，但玄奘有相当强的外语能力，则是无可置疑的。这从他回国之后所做的翻译工作中也可以看得出来。

玄奘从古印度等地带回大小乘经、律、论共657部，其中有《大般若经》《瑜伽师地论》《成唯识论》《具舍论》等。他花了20年时间，译出大小乘经、论75部，凡1 335卷。今天西安的大雁塔，就是玄奘当年译经的地方。

应当指出的是，玄奘当年西行完全是个人行为，并没有受命于李世民。西行的过程也异常艰苦，没有什么神通广大的徒弟保护。相反，跟随他的人死的死，逃的逃。不过，他回国后，倒是受到了李世民的接见。李世民和他谈话以后非常高兴，诏令玄奘在弘福寺将梵文佛经翻译出来。

从历史上来说，到西域取经的事并不是玄奘首开其例。

早在张謇出使西域的时候，就听说有所谓“浮屠之教”（也就是佛教）。汉哀帝时，博士弟子秦景让伊存口授“浮屠经”（佛经），当时中原的人还不怎么相信。后来，据说是汉明帝晚上睡觉的时候梦见有个金人在殿廷中飞行，他觉得很奇怪，就在上朝的时候问百官，傅毅回答说，这就是佛。于是明帝派遣郎中蔡愔、秦景到天竺去取经，得到了佛经 42 章，还有释迦牟尼的立像。《隋书·经籍志》中记载了这桩中国历史上最早的取经之事。

甘露年间，有个名叫朱仕行的人，也到过西域，取回佛经 90 章。晋惠帝元康中把它翻译出来，叫《放光般若经》。晋恭帝元熙中，新丰僧人智猛也策杖西行取过佛经。晋安帝义熙中，僧人支法领从西域于真国得《华严经》三万六千偈，到金陵宣译。又有僧人法显，自长安游天竺，经三十余国。北魏孝明帝熙平中，派遣僧人慧生出使西域，得到佛经 170 部。

所有这些西行取经的僧人中，法显的经历与玄奘很是接近。他从后秦姚兴弘始二年（公元 400 年）出发，与他同行的有慧景、道整、慧应、慧嵬等。他们从长安出发，一路西行，半道上遇见了同样是西行取经的智严、慧简、僧绍、宝云、僧景等。他们或分或合，风尘仆仆，路上的艰辛不难想象。最后，慧景死在翻

唐太宗李世民

越小雪山的路上，道整留在中天竺没有回来。只有法显一人，用了六年时间到达中天竺，在那儿待了六年，又用三年的时间返回。从陆上出发，从海道归来，花了整整 15 年。所以有人说，假如把法显的西行经历敷衍成小说，就会又是一部《西游记》。

杨玉环生死之谜

要说红颜薄命，杨玉环是再典型不过了。关于她的美丽，《旧唐书》说她是“资质丰艳”；白居易《长恨歌》说她是“回眸一笑百媚生，六宫粉黛无颜色”。非但漂亮，杨玉环还能歌善舞，“婉娈万态”，唐玄宗对她的宠爱简直是无以复加。然而，她的下场竟是如此悲惨，不仅死于非命，而且死在曾经是最宠爱自己的人手里。马嵬的三尺白绫，让多少人唏嘘感叹。感叹之余，心有不甘，故事就来了。

画家笔下的杨玉环

故事之一：杨玉环缢死佛堂。

安史之乱爆发，唐玄宗仓皇逃往蜀中，行至马嵬，护卫的禁军将领陈玄礼等强烈要求清君侧，于是，杨国忠父子双双死命。众军意犹未尽，又以“后患仍存”为由，强烈要求赐杨玉环一死，唐玄宗无奈，只得下令缢死杨玉环。地点是在佛堂。

这则故事来源于正史之中，《旧唐书·杨贵妃传》记载：杨玉环“遂缢死于佛室”。应该说可信度比较高。宋乐史的《杨太真外传》也写杨玉环死前请求礼佛，唐玄宗表示：“愿妃子善地受生”，然后高力士把她缢死在佛堂前的梨树下。

故事之二：杨玉环死于军前。

白居易《长恨歌》中写道：“六军不发无奈何，宛转蛾眉马前死。”看来是行军仓促，也顾不得选择什么地点，就在军前执行了死刑，而且是当着玄宗的面，所谓“君王掩面救不得，回看血泪相和流”。不过，诗人的歌咏可能经过了艺术加工，其真实程度恐怕不能与正史相比。

故事之三：杨玉环死于乱军。

在唐五代的一些诗歌中，不约而同地写到了马嵬的血。杜牧：“喧呼马嵬血，零落羽林枪”；张祐：“血埋妃子艳”；温庭筠：“返魂无验青烟灭，埋血空生碧草愁。”这就奇怪了，死于尺组之下是不会有血的，显然这些诗人并不认为杨玉环是缢死的，而是相信她是被乱军杀死的。

故事之四：杨玉环吞金而死。

刘禹锡所作的《马嵬行》中写道：“绿野扶风道，黄尘马嵬行，路边杨贵人，坟高三四尺。乃问里中儿，皆言幸蜀时，军家诛佞幸，天子舍妖姬。群吏伏门屏，贵人牵帝衣，低回转美目，风日为天晖。贵人饮金屑……平生服杏丹，颜色真如故。”所谓“饮金屑”者，就是吞金而死。陈寅恪先生在《元白诗笺证稿》中专门探讨过这一问题。他的结论是：既然诗人

是从“里中儿”嘴里听来，可见是民间传说，说法可能有多种。但也可能杨玉环在被缢死之前，已经吞过金，所以“里中儿”才一传十，十传百。

故事之五：杨玉环死了之后，灵魂飞升，到了仙山之上。

白居易《长恨歌》、陈鸿《长恨歌传》以及乐史的《杨太真外传》都写杨玉环死后，灵魂飞升，到了“虚无缥缈”的海上，在“楼殿玲珑五云起”的仙山之上，有一座“玉妃太真院”，杨玉环就住在其中，还似往常一样美丽动人，并仍然对唐玄宗一往情深。

故事之六：杨玉环乘乱出逃。

这个故事是从白居易的《长恨歌》和陈鸿的《长恨歌传》中间接推理出来的。陈鸿的《长恨歌传》说：“当时敢言者，请以贵妃塞天下怨。上知不免，而不忍见其死，反袂掩面，使牵之而去。”虽然后面还有“仓皇展转，竟就死于尺组之下”的话，但有人还是认为，这是暗示杨贵妃被使者牵去藏了起来。同样的道理，白居易《长恨歌》中的“花钿委地无人收”也被认为是暗示杨玉环不明去向，只有金银饰品散落一地。《长恨歌》中的“马嵬坡下泥土中，不见玉颜空死处”，更是被认为是明示杨玉环连尸骨都找不到，是被人救出去了。当时正在乱军之中，杨玉环乘乱脱逃，也是可能的。俞平伯先生在《论诗词曲杂著》中所表述的基本上就是这样的观点。

故事之七：杨玉环东渡日本。

杨妃当年并没有死，她被偷天换日地保护了下来。杨玉环的美貌使得禁军将领陈玄礼不忍下手加害，于是与高力士合谋，让一个侍女代她而亡。杨贵妃则由陈玄礼的亲信护送南逃，大约在今上海附近扬帆出海，经海上漂泊，辗转来到日本久谷町久，最终在日本安度晚年。日本有《中国传来的故事》讲到这一情节。在日本，有杨妃像、杨妃墓、杨妃庙塔多处。

总而言之，杨玉环到底死还是没死，这是一个谜团；如果死了，那她是怎么死的，缢死的、杀死的还是吞金死的？如果没死，那她去了哪儿，藏在民间，流寓海外？我们其实拿不出任何铁证，一切都是传说和附会。在这种情况下，也只有正史比较更值得相信了。

李白是因为见到铁棒磨成针才发奋的吗?

中国的学龄孩子几乎全都听过“磨杵成针”的故事,有的老师或家长会用浅显的现代汉语讲,叫作铁棒磨成针的故事。这个故事里通常有两个人物:一个是那位拿着铁棒打算把它磨成针的锲而不舍者,另一个则是目睹这件事后从此发起愤来的被感动者。前者总是被描述为一个白发皤然的老婆婆,而后者则被说成是唐代鼎鼎大名的诗人李白。

李 白

上海辞书出版社的《中国成语大辞典》“磨杵成针”条说:相传唐代诗人李白读书之时,曾遇一老媪,磨杵不辍,问何为,媪答:“欲磨作针。”白受感动,由此奋发而终有大成就。

这里面有几个问题:第一,

铁杵有无磨成针的可能性？查许慎《说文解字》“杵”字条，云：“舂杵也，从木午声。”也就是说，这是个形声字，“木”是它的形旁，意思说“杵”是用木头做的，“午”是声旁，是表音用的；而“舂”的意思是“捣粟也”，也就是把谷物打碎，并且《说文解字》还特别说明“舂”就是“持杵临臼”。好了，现在我们知道，“杵”是用来舂米的，那么，它的体积该不会太小，而老婆婆手中还是一根铁杵，就算它不是舂米的吧，用来捣捣大蒜头之类，要磨成针，恐怕也是难而又难的。

第二，是否会有这样一个磨杵的老婆婆？我们在上面已经分析过，铁杵要磨成针，不说是全然不可能吧，至少不是一件轻易能做到的事，而这么一个年过半百（从“媪”的称呼来看，说她年过半百大概不算过分）的老妇人，竟然选择做这么一件事，是不是太不可思议？这位老婆婆可能会让我们想起另一位老人——愚公，但愚公移山和这还有点不一样。愚公移山（如果真有这事的话）是别无他法：太行山和王屋山挡了他门前的道，他要改变这一事实只有把山挖掉（假如搬家的话，他就不住在原处了）。但老婆婆为什么要磨杵成针？她如果不要这根杵了，完全可以弃置不用或干脆丢掉；如果她需要针可以去买，或者让专门的制作者打制。无论从哪个方面来说，都不需要她用铁杵来磨针。所以，除非老婆婆是故意要教育李白，否则，磨杵的事是绝对不可能发生的。

第三，李白是否会为磨杵而感动？李白是从很小的时候就开始接受教育的，据他自己说：“五岁诵六甲，十岁观百家。”（《上安州裴长史书》）六甲，指律历中的甲子、甲戌、甲申、甲午和辰寅，也就是说李白在很小的时候就开蒙读书，学习用天干地支计年。百家，就是诸子百家。这样一个早慧儿

童，如果看到有人在做磨杵这样一件毫无道理的事，他会感动吗？

磨杵成针的故事见于宋人祝穆的《方舆胜览》，这是一本南宋的地理总志，作者对名胜古迹、诗赋序记写得很周详，足见他是个喜好文学的人，他把听来的李白故事记载了下来。以后，明人彭大翼所编的主要供作文之人采撷典故用的《山堂肆考》和陈仁锡的《潜确类书》也都记载了这个故事，于是，磨杵成针的故事就像愚公移山一样流传了下来。只不过愚公移山出自《列子·汤问》，大家知道是个寓言故事，而磨杵成针却因为和李白相关，仿佛像真的一样了。其实，它也只是一个寓言，和李白无关。

李白是捞月而死的吗？

中国古代的诗仙李白，是一个非常浪漫的人。在他的诗作中，有两样东西显然是他特别钟情的。一是月亮。“月”本是诗人常吟咏的对象，李白对此特别在意。从“小时不识月，呼作白玉盘”开始，李白一生从没停止过咏月，诗中以各种形式吟诵月亮的约占整个作品的四分之一。在诗中出现的描

李白吟月

绘月亮的词语有：明月、素月、夏月、秋月等；用“月”来修饰的词语有：月光、月华、月色、月明等；还有间接写月的词语如：清光、清辉、明光等。还有一样东西是酒。李白是以酒仙自居的，他有时候“花间独酌”，有时候“两人对酌”；豪情之时，甚至不惜把“五花马、千金裘，呼儿将出换美酒”。也许，正是因为李白对月亮和对酒的热爱，使他的死也蒙上了一层浪漫色彩，人们说他是喝多了酒，想到水中去捞月，结果掉在水里淹死了。

我们不否认，这是一个美丽的传说，而且很符合诗人的性格。如果真的要让李白选择一种结束生命的方法的话，说不定这正是他所愿意的。在这个美丽的传说中，我们可以看到诗人对理想的执著的追求（我们不妨把月亮看作是李白所追求的生活理想），也看到了理想的虚幻（水中月）；诗人因为不能实现理想而痛苦（借酒浇愁），最后为理想而献身。但我们还是不能不指出：这不是真的。

史载唐代宗李豫宝应元年，公元 762 年，李白病死在他的族叔、当涂县令李阳冰那里，时年 62 岁。就在此前（公元 761 年），李光弼率大军征讨史朝义，年逾花甲的诗人还豪情满怀地由当涂北上，希望能够请缨杀敌，但行至金陵，不得不因病折回。

李白生前经常把月亮作为自己可以相伴相随的、可以交流感情的、可以解除孤独的朋友。月亮可能是诗人与自然融合时最为倾心的一个物象。月亮高悬空中，横亘古今，遍照五洲，和诗人潇洒出众的气质颇为吻合。李白作品中像《静夜思》之类的诗，写的是月亮所给予“我”的感受，还有更多是写“月”与“我”的情感交流。在“月”与“我”的交往中，有时是

"月"随"我"："暮从碧山下，山月随人归"（《下终南山过斛斯山人宿置酒》），表现出自然对人的眷顾；有时是我邀月："举杯邀明月，对影成三人"（《花间独酌》），表现出人与自然的交好；有时是"我"求"月"："我寄愁心与明月，随风直到夜郎西"（《闻王昌龄左迁龙标遥有此寄》），表现人与自然的融通；有时是"我"羡"月"："今人不见古时月，今月曾经照古人"（《把酒问月》），表现人对自然的崇拜。就李白与月亮的感情这么深厚而言，李白捞月而死真是一个美丽的谎言。

张生原型是何人?

《西厢记》的故事是大家都熟知的,人们不仅记住了张生和莺莺这一对才子佳人,而且还记住了小丫头红娘,并从此把在别人恋爱婚姻中牵线搭桥的人叫作“红娘”。据说,近年开发旅游景点,普救寺内还专门立一标牌,上书“张生跳墙处”,完全把西厢故事当作真人真事了。

张生和莺莺

西厢记的故事最早见于唐代文人元稹的《莺莺传》,在《莺莺传》中,男主角就叫张生,没有名字。宋代文人王楙的《野客丛书》第二十九卷,称“唐有张君瑞遇崔氏女于蒲,崔小名莺莺”。而在元代王实甫的杂剧《西厢记》中,张生一上场就自报家门说:“小生姓张,名珙,字君瑞。”看得出,张生的名字是被逐渐补充、完整起来的。那么，这个姓张名珙字君瑞的书生究竟是以谁为原型的呢？

元　稹

第一种说法，认为他是唐代著名诗人张籍。唐代有个姓苏的翰林，在他赠给张籍的诗中有“诗人老去莺莺在”的句子，并且加了注，说所谓张生就是张籍。不过从时间上来看，元稹所写的莺莺故事发生在唐德宗贞元十六年（公元 800 年），其中有“明年，文战不胜，张遂止于京”的情节，那就是说，时至贞元十七年张生尚未中试。而唐代《登科记》载张籍贞元十五年即已登科，所以，说张生就是张籍，在时间上有点合不拢。

第二种说法则认为，张生不是别人，就是作者元稹自己。元稹是唐代著名诗人，字微之，生于唐代宗大历十四年（公元 779 年）。有人认为元稹就是张生，首先是感觉到《莺莺传》在叙述这个故事时的真切，觉得事非经过，难以写得这样哀怨动人。其次，则发掘了不少相关的证明材料：其一是元稹生平与张生年龄上的吻合之处。元稹生于大历十四年，到小说中所说的贞元十六年正好 22 岁，与西厢故事中张生的年龄相同。其二是元稹生平与故事情节上的吻合之处。韩愈在元稹妻韦氏的墓志中写道：“作婿韦氏时，微之始以选为校书郎。”元稹官授校书郎是在贞元十八年，他 24 岁的时候，这

与西厢故事中说："后岁余，生亦有所娶者也"的描述正好相吻合。另外，元稹为他的姨母郑氏作墓志，其中说道："其既丧夫遭军乱，微之为保护其家备至。"这个说法，与西厢故事中张生为保护崔氏一家出力的情节相吻合。其三是元稹生平与故事中人物关系的吻合之处。元稹写的《陆氏姊志》中说："予外祖父授睦州刺史郑济。"白居易为元稹母亲郑夫人所作的墓志也说她是"郑济女"。这就是说，元稹的母亲是郑济的女儿；而唐代崔氏家谱载："永宁尉鹏，亦娶郑济女。"也就是说，郑济的另一个女儿嫁给了崔鹏。崔莺莺是崔鹏的女儿，和元稹是中表亲，与小说中的人物关系相同。元稹在写给白居易的百韵诗中提到："幼年与蒲中诗人杨巨源友善，日课诗。"小说中也提到，张生有个"好属词"的朋友杨巨源。其四是从元稹的诗歌中可以找到很多有关莺莺的隐语，比如他的《莺莺诗》："殷红浅碧旧衣裳，取次梳头暗淡妆。夜合带烟笼晓月，牡丹经雨泣斜阳。依稀似笑还非笑，仿佛闻香不是香。频动横波嗔不语，等闲教见小儿郎。"因此，断定张生就是元稹自己，只不过他为隐讳起见，改了一下姓氏而已。

上面所提到的有关材料，除了元稹为其姨母郑氏所作的墓志不在元稹的文集《元氏长庆集》中以外，其他都是落实的。但这并不等于说，元稹就是张生，张生就是元稹。因为文学创作总是从生活中来的，作者总是在现实生活中有了某种体验，才会有艺术构思，而在艺术构思的过程中，作者笔下的人物会越来越丰满，越来越有自己的个性，以至到最后连作者也必须听命于他的行动逻辑。这样，一个艺术典型就诞生了。从这个角度来说，每一个艺术作品中的人物都可能有生活中某个人的影子，但又都不是这一个。因此，简单地把张生理解为任何一个人都是不对的。他是由许多古代文人所共同创造的一个艺术典型，是中国封建社会一个多情书生的写照。

附带要说的是，在元稹的《莺莺传》中，张生最终并没有娶莺莺为妻，而是把莺莺说成是"天之所命尤物也，不妖其身，必妖于人"，以"予之德不足以胜妖孽，是用忍情"的理由，遗弃了崔莺莺。尽管作者在这样写的时候并没有贬抑张生的意思，但这样的结局却让渴望爱情自由的读者感到不满意，所以西厢故事在流传中渐渐起了变化，变成了现在大家都知道的有情人终成眷属。所以说，西厢故事是一个美好的爱情故事，张生和莺莺就是这个美好故事中的美好人物，而不必一定指认他是张籍还是元稹的。

包拯到底有多神奇？

包拯，民间又称包公、包龙图、包青天，传说他生下来面貌丑陋，脸特别黑（京剧传统剧目中包拯都勾黑脸，成了一种专门的脚色行当，叫“黑头”），父亲不想要他，被他的长嫂要去抚养。长大后，他读书赴考，得中状元。先是担任定远县的知县，因其秉公断案，升为开封府尹。包拯是传说中的破案专家，无论什么案子，只要到了包拯那里，一定是手到案破。包拯不仅破人间的案子，连阴曹地府也要他去破案，所谓“日审阳间，夜审阴间”。在中国小说和戏曲中，有很多包拯断案的故事，像《三现身包龙图断案》《包龙图陈州粜米》《包龙图曹国舅公案传》《包龙图公案断歪乌盆传》《包龙图断白虎精传》等等。在《三侠五义》中，包拯虽说算不上一号人物，但也是重要角色。那么，包拯究竟是个怎样

包　拯

的人物？他到底有多神奇呢？

包拯，字希仁，出生于北宋真宗咸平二年（公元 999 年），庐州合肥（今安徽）人。宋仁宗天圣年间进士。父亲名令仪，号肃之，进士及第，官至刑部侍郎。包拯初举进士的时候，曾授建昌知县，因父母俱老，一直没有到任视职。直到几年后，双亲都过世了，包拯守孝完毕，才到扬州天长县当了知县。这段史实说明，包拯是与其父母生活在一起的，并无为父母遗弃的事。

包拯出名是在他任开封府尹的时候，直到现在，人们习惯地把开封府叫作包府。其实包拯在北宋担任过许多官职，地方官如端州、瀛州、扬州、庐州、池州、江宁等地的知府，京官如检察御史、天章阁待制、龙图阁直学士和枢密副使等等。宋仁宗嘉祐七年（公元 1062 年），他病逝于枢密副使任上，死后追授礼部尚书。

包拯的最大特点是廉洁刚正和善于断案。

《宋史·包拯传》记载了包拯“不带一砚归”的事迹。包拯在宋仁宗康定元年（公元 1040 年）由扬州长天县令调任端州（今广东肇庆）知府，这是他首次担任知府级官职。端州出产优质砚台，时称“端砚”，官吏往来，人们时常用它做人情。包拯在端州为官三年，为当地百姓做了不少好事，临走时两袖清风，不带一砚归。民间传说：包拯船行到端州之外的羚羊峡，水面忽然波翻浪涌，包拯情知一定有蹊跷。一个跟班跪下说：“刚才有人送了一方砚，我忘了禀报。”说罢，拿出一方用黄色绫缎包裹着的精致砚台，包拯随手把砚台抛进了江中。江风把黄绫吹散开来，端砚沉没之处，浮起一块沙洲，人称“砚洲”；那块黄绫则变成了砚洲的金色沙滩，人称“黄布

滩”。传说当然只是传说而已，但透过这则传说，我们不难看到包拯的高风亮节给当地百姓留下的深刻印象。

包拯任开封府知府的时候，大开正门，让老百姓诉冤。一般的民事纠纷，听完当事人双方的陈述，他当堂就能判断出是非曲直。若是遇到疑难的案子 他一定会多方侦查，务必要查个水落石出。在整个办案过程中，他铁面无私，一介不取，一视同仁。在老百姓当中有很高的威望。有关包拯的故事中经常会讲包拯遇到一些大有“来头”的人物，比如《铡美案》中的驸马陈世美，《包龙图曹国舅公案传》中的曹国舅，就是依据了历史上包拯的这一特点，同时也表达了百姓们渴望看到“王子犯法，与庶民同罪”的局面的心情。东北的吉剧中还有一个《包公赔情》的戏，说包公的侄子包勉贪赃枉法，包拯大义灭亲，将他斩首，然后去向抚养他长大的嫂嫂赔情。这表明，百姓多么渴望一个执法无私的清官——哪怕嫂嫂于己有恩，哪怕是嫡亲的侄子，只要犯了法，照样严惩不贷。

另外还有很多故事则是根据包拯善于断案的特点敷衍出来的，这样的故事有五六十个之多。所以有人说，包拯这个形象已经成了箭垛，各种各样的箭矢都可以射在这上面。也就是说，各种破案故事的主角都可以是包公。

包拯的破案能力在传说中被渐渐神化，于是，不仅人受了冤屈要到包拯处去控告，连鬼也要到包拯那儿去鸣冤叫屈。比如，《三现身包龙图断案》《包龙图公案断歪乌盆传》，都是这种故事。从表面上看，这好像有迷信的成分，实际上，那还是老百姓在有冤无处申的情况下所表现出来的热切的希望，希望包拯能替他们伸张正义。因为包拯能替人申冤报仇，所以冤鬼也都找上门来。可能就是从这些冤鬼故事出发，逐渐演变为传说中的包拯死后在阴间断案，所谓“关节不到，有阎罗包老”；再进一步想象为他活着的时候就“日审阳间，夜审阴间”。

总之，包拯是一面镜子，它照出了官场的黑暗、百姓的无奈，照出了人们对刚正不阿的清官的希望。换句话说，包拯已经成了正义和智慧的象征，和真实的历史人物已经相去很远了。

“狸猫换太子”的真相

长期以来，民间一直流传着“狸猫换太子”的故事，口口相传之中，有人误以为这个故事发生在宋仁宗身上。宋仁宗赵桢在子嗣问题上的确有较大的麻烦。他 13 岁即皇帝位，15 岁就成了亲，除了皇后以外，还有很多妃嫔宫女伺候着。但不知为什么，接连十几年没有生育。后来虽说陆续生过三个儿子，一个名昉，一个名昕，一个名曦，又都不幸早夭，所以子嗣问题成了宋仁宗的最大心病。也正因为如此，京城才沸沸扬扬地上演了一出“假皇子”的闹剧：

庐山上有个和尚，名叫全大道，偶然结识了一个名叫冷青的年轻人，询问起来，得知冷青的母亲曾是个宫女，因为过失被逐出宫来，嫁给了一个叫冷绪的郎中，生了冷青。全大道见冷青长得气宇轩昂，他母亲对宫廷内部的情况又相当熟悉，一时利令智昏，想让冷青冒充皇太子进宫，换取富贵。他和冷青在密室中日夜谋划，时时演练，自以为有了把握，便下庐山，去了京城。突然冒出来一个皇子，朝野上下大为震惊。宋仁宗命令翰林学士赵概和知谏院尹包拯，迅速查明事情真相。包拯认真勘察，真相很快水落石出，全大道和冷青为自己的贪欲付出了生命的代价。宋仁宗终究无子，最后选择汝南郡王允让的儿子宗实入宫，改名为曙，立为皇子，这就是后来的宋英宗。

这件事情虽然关系到皇子的真与假，但并不是所谓的“狸猫换太子”。“狸猫换太子”的故事背景不在宋仁宗时代，而在他的父亲宋真宗的时候。

宋真宗赵恒

宋真宗赵恒，公元998年至1022年在位。为了早得龙子，听从太史官建议，在3月15日往御花园打出一颗金弹丸，传旨六宫：有拾得金弹丸者，即驾幸其宫。西宫的李宸妃拾到金弹，当晚宋真宗驾幸，李宸妃后来果真为他生下一个儿子。刘妃出于妒忌，与太监郭槐合谋，用死狸猫换出太子，命令承御寇珠将太子抛入金水桥下淹死。寇珠不忍心，和太监陈琳商量，把怀抱金弹丸的太子放在一个装果品的妆盒之内，秘密地送到南清宫八贤王府中。八贤王是真宗的嫡亲兄弟，封为楚王。他把太子收养在府中，谎称是自己的第十二个儿子。再说刘妃，拿着剥了皮的狸猫，说李妃产了一个妖怪。真宗信以为真，将李妃贬入冷宫，而让刘妃做了皇后。郭槐告诉刘皇后，看见寇珠和陈琳在金水桥上私语，刘皇后命令陈琳拷问寇珠，寇珠宁死不屈，一头撞

在金阶上自杀身亡。刘皇后派人火烧冷宫，想置李宸妃于死地。幸亏有内监相救，李宸妃免于一死，流落到民间。宋真宗临终仍无所出，乃命楚王第十二子、也就是李宸妃所生的儿子继承大统，就是后来的宋仁宗。当时正值陈州灾荒，包拯到陈州去赈济，路过赵州桥，李宸妃上前鸣冤叫屈。包拯得知内情，入宫向宋仁宗奏明事情真相。宋仁宗询问陈琳，证实这一切都是真的，于是将母亲李宸妃迎回宫中。杀了郭槐，把已经做了太后的刘妃贬入冷宫。

这个“狸猫换太子”的故事在民间广为流传，并被改编成多种样式的戏剧。如元杂剧中的《金水桥陈琳抱妆盒》，明传奇中的《金丸记》，还有《断太后》《打龙袍》《铡郭槐》以及小说《三侠五义》等等。但这仍只是传说而已。在宋代的历史记载中，的确有关于宋仁宗为李宸妃所生的记载。宋仁宗由刘皇后和杨妃抚育长大，对自己的身世一直蒙在鼓里。《宋史·李宸妃传》载：“燕王入白仁宗陛下为宸妃所生。”燕王，也就是传说中的八大王元俨。只是元俨揭出事情真相的时候，李宸妃已在宫中薨逝，她被害以及流落在外纯属民间故事，后来由于包拯的关系得以重新回到宫中等等皆为子虚乌有。至于把“狸猫换太子”的故事又嫁接到宋仁宗身上，则更是以讹传讹了。

宋仁宗赵祯

李清照有没有再嫁？

“满地黄花堆积，憔悴损，如今有谁堪摘？”这是宋代女词人李清照晚年词作［声声慢］中的名句，毫无疑问，她这是以花喻人，而且是以花自喻。李清照对菊花可以说是情有独钟，多次把自己和菊花联系在一起。据说有一年重阳，李清照寄了一首［醉花阴］词给她的丈夫赵明诚，赵明诚赞叹不已，自愧不如，但又想超过她，于是谢绝一切宾客，废寝忘食三昼夜，做了50首词。然后把妻子［醉花阴］夹在其中，请他的朋友陆德夫评判，陆德夫把玩再三，说：“只三句绝佳。”赵明诚追问是哪三句，答道：“莫道不消魂，帘卷西风，人比黄花瘦”——正是李清照所作。她用的也是以花自比的手法。那么，在［声声慢］中，李清照以花自喻的含义

李清照

是什么呢？毋庸讳言，她是在诉说自己韶华已逝，无人相爱相伴相随。李清照晚年的孤苦，大家都是知道的，但也有人说她在赵明诚死后曾经改嫁，名花依然有主。事实究竟如何，得从李清照的身世说起。

李清照，号易安居士，宋神宗元丰七年（公元1084年）出生于济南府章丘明水镇柳絮泉。李清照一生以北宋灭亡为界，分为前后两个时期。前期，她非常幸福，而幸福的源头来自于两个出色的男人。一个是她的父亲李格非，这是一位文才出众的名士，也做过官。李格非看来并不理会“女子无才便是德”那一套，他是把李清照当男孩子一样教养的，所以李清照从小就接受教育，加上她自幼聪慧，在父亲的培养熏陶之下，工诗词，能文章，善画墨竹，字也写得非常好。她后来得以成为宋代乃至整个中国文学史上首屈一指的女词人，与她父亲给她的早期教育是分不开的。第二个她所遇上的出色男人，是她的丈夫赵明诚。宋徽宗建中元年（公元1101年），她十八岁，嫁给了金石考据家赵明诚。婚后，两人一起致力于金石书画的搜集和整理，编写了《金石录》。他们夫妇不仅志同道合，而且恩爱浪漫。李清照有一首[减字木兰花]词说：“卖花担上，买得一枝春欲放。泪染轻匀，犹带彤霞晓露痕。怕郎猜道，奴面不如花面好，云鬓斜簪，徒要教郎比并看。”从中不难看出夫妇生活的快乐愉悦。

宋高宗建炎元年（公元1127年），金兵入据中原，掳走了宋朝的徽、钦二宗，李清照与赵明诚美好而宁静的家庭生活也随之破灭，只好流寓南方。李清照也就进入了痛苦的后期。尤其是两年以后，建炎三年（公元1129年），赵明诚不幸夭亡，李清照真正承受了国破家亡的沉重打击。她后期的作品除了那首慷慨激昂、被人认为有抨击时政意蕴的绝句“生当为人杰，死亦为鬼雄。至今思项羽，不肯过江东”，满是绝望哀愁，更令人想知道她这时候的生活究竟是怎么过的。

宋代有人指出，李清照后来改嫁了，丈夫叫张汝舟。这个陈述让很多人感到不舒服，明、清两代不断有人提出怀疑和异议，基本上否定了李清照有改嫁这回事。建国以后，旧话重提，又有人考据李清照改嫁的事。这一回，不仅考据出她改嫁张汝舟，而且考据出嫁了又离了，甚至连具体时间都考了出来：从改嫁到离异只在三个月左右，其时应为宋高宗绍兴二年(公元 1132 年)李清照 49 岁。有意思的是，这一陈述又招来不少声讨的文章。李清照到底改嫁没有？我们来看看证据。

持“改嫁说”的，主要有两个依据，一是李清照的文章，题目叫《上内翰綦公启》，这是李清照写给她的亲戚、翰林学士綦崇礼的。大致情形是李清照与张汝舟关系破裂，李清照一面告发他有违法行为，同时也提出了离婚的要求。按照宋代刑法，妻子告发丈夫，即使属实，也要判处徒刑两年。后来此事被綦崇礼知道了，綦崇礼是宋高宗的亲信，出面干涉此事，才使李清照既离了婚，又免了刑事处分，因此李清照写这封信向他表示感谢。另一个证据是李心传所作的《建炎以来系年要录》，那里面说张汝舟有违法行为，被其妻李氏检举而入官定罪，并补充说“李氏，格非女，能为歌辞，自号易安居士”。如果文献可靠，李清照晚年改嫁应该是确凿无疑的。

但不幸的是，人们怀疑的正是文献的可靠程度。《上内翰綦公启》始见于赵彦卫的《云麓漫钞》，这是一本杂记古今天文、地理、制度、故事的笔记，其中有记载失实之处。其时

距李清照去世也已多年,《上内翰綦公启》到底是不是李清照所作,或者是不是完全是李清照所作,难以肯定。其次,《建炎以来系年要录》在写法上不合乎行文规律。上文的“李氏”只是与清照同姓者,而下文显系攻击清照者所加。李心传在李清照去世后四十年才出生,不明就里,照样录了下来。

这两条理由,不无牵强之处,然而,问题的症结还不在这儿。为什么要辩诬?影影绰绰间,一个封建的幽灵在游荡。改嫁又怎么样?所嫁非人又怎么样?像李清照这样开明的女子,连“满地黄花堆积,憔悴损,如今有谁堪摘”这样的词句都敢吟出来,改嫁也好,离异也好,都值得钦佩。当然,如果不是出于对这位杰出女词人的“爱护”,而是从学术真实的角度来辨析问题,那就是另一回事情了。

岳飞究竟死在谁手?

淡妆浓抹总相宜的西湖，风光旖旎之外，不乏英豪之气，何也？因为有岳坟。青山有幸埋忠骨，白铁无辜铸佞臣。端坐的岳飞塑像，跪着的秦桧夫妇，正义和邪恶在这里受到了最严正的审判。正史也好，民间传说也好，都说岳飞是死于秦桧的陷害。秦桧嫉妒岳飞屡建大功，于是怂恿皇帝赵构连下十二道金牌召岳飞回军，然后诬陷岳飞要造反，把他害死在监狱里。当时另一个元帅韩世忠曾经去问秦桧岳飞到底犯了什么罪，据说秦桧回答说："飞子云与张宪书虽不明，其事体莫须有。"莫须有，也就是"也许有""可能有"的意思，换句话说也就是没有什么

岳　飞

证据。韩世忠听了以后当然不服，说：“‘莫须有’三字，何以服天下？”

的确，仅凭这三个字就将一员大将，包括他的养子岳云、部将张宪一并杀害，不免让人起疑。于是，关于岳飞的死因就众说纷纭起来。

最荒诞的是前世冤仇说。

清代康熙、雍正年间，钱彩、金丰在各种“岳传”的基础上加工增订成八十回的小说《说岳全传》，说岳飞前世为佛顶大鹏，秦桧为虬龙，秦桧妻王氏为女土蝠，万俟卨为团鱼精。因大鹏啄死了女土蝠和团鱼精，啄瞎了虬龙左眼，遂结下前世冤仇。大鹏转世投胎岳家，虬龙要报一啄之仇，发黄河大水淹没河南汤阴县岳家庄，幸得陈抟老祖相救，岳飞和母亲在花缸内没有淹死。虬龙发水违反天条被斩，转世为秦桧。秦桧被金兀术收买，成为内奸，杀岳飞父子于风波亭内。

最石破天惊的是岳飞身世说。

有人提出，岳飞不是别人，而是宋徽宗的儿子、宋高宗的哥哥！说岳飞的母亲姚氏是宋徽宗时的宫女，在三十多岁的时候，因为一个偶然的机缘，怀上了皇帝的孩子。宋徽宗一夜情之后给姚氏留下了一块写着“精忠报国”的玉佩。正好那年年底要放一批宫女出宫。为了躲

秦桧铁跪像

避妃子的迫害，姚氏用自己几乎全部的积蓄，买通了太监，混在那些宫女里面，出了皇城。姚氏把岳飞带大，给他取名叫“飞”。“飞”者，“非”也，就是说他本来不姓岳。岳飞背上那“精忠报国”四个字，就是姚氏把那块玉佩烧红了烙下的，为的是以后能让皇帝认出他的儿子来。岳飞既然是龙种，那么就有与赵构争夺帝位的可能性，赵构知道真相后自然非杀了他不可。

最接近事实的是赵构主谋说。

宋高宗赵构

问题还是从“莫须有”三字起。秦桧要置岳飞于死地，为什么不编造点理由出来呢？秦桧状元出身，满肚子学问，替岳飞弄几条罪在不赦的理由想来不是难事，所谓“欲加之罪，何患无辞”？为什么偏偏要说出个“莫须有”的千古笑话来？“莫须有”三个字连韩世忠这样的武夫都骗不过去，怎么能取信于天下？由此可以推想，杀岳飞恐怕不是秦桧的主意，他说“莫须有”，就是“我也不清楚”，言下之意就是“不是我要杀他”。

那么，不是秦桧，又是谁要杀岳飞呢？很显然，非宋高宗赵构莫属。从事理上来说也是如此：秦桧再怎么样，毕竟是大宋朝的臣子，哪有想杀谁就杀谁的道理？何况他要杀的人非同小可，没有皇帝的授意如

何行得通？

赵构要杀岳飞，原因有三：

一是岳飞提出的口号让赵构不快。

岳飞的口号非常响亮，叫“直捣黄龙，迎回二圣”。黄龙府是金军首府所在，岳飞要一直打到黄龙府，把那被俘的徽钦二宗迎接回来。这对百姓来说，当然是扬眉吐气的事，但对宋高宗赵构，却很有点儿尴尬了。这“二圣”，一个是他老爸，一个是他老哥，无论哪个回来，这皇帝之位都没有他的份了，更何况两个一起回来？有人说，这不对啊，杀岳飞的时候是绍兴十二年（公元 1142 年），宋徽宗赵佶都死了好几年了（赵佶死于 1135 年）。可是，钦宗还在，尽管赵恒一再托人给赵构捎信，说只要把我弄回去，绝不和你争天下，可这不正提醒赵构，赵恒是可以和他争天下的吗？历朝历代，为了争穿那一身龙袍，父子、兄弟兵戎相见的触目皆是，你叫赵构怎么能让岳飞迎虎归山？

二是岳飞请立太子让高宗不满。

绍兴七年（公元 1137 年），岳飞听说金人想在汴京立钦宗之子，就上疏高宗请立太子以安定人心。这就触犯了皇家最大的忌讳。皇权继承问题在历朝历代都是绝对核心的敏感问题，导致的皇家骨肉相残比比皆是，为此形成臣僚或飞黄腾达或家破人亡的故事也史不绝书。人们历来特别容易把这个问题和那些手握重权、重兵的文臣武将的政治野心联系起来。岳飞却在后来的一封密奏中，又一次谈到这个问题。事实上，这件事确实是岳飞的心病。当时，金国人扣住宋徽宗、宋钦宗不放，有着重要的政治原因。赵构称帝后，金人就曾考虑将宋徽宗放回去，以削弱赵构的影响。后来一直存在着一种可能，就是金人以武力扶植宋钦宗嫡系的傀儡皇帝，这位傀儡皇帝具有赵宋帝国先天的大宗正统地位，将使南宋政权相当难堪、被动。当时，部分地为了对抗这种可能，赵构从太祖赵匡胤一系挑了两位皇室子孙，过继到自己名下（赵构的儿子因为宫女踢翻铜鼎受惊而死，他自己又因为在战争中受到惊吓而丧失了生殖能力），但没确定究竟由哪位继承皇位。岳飞的提议，从抗金的现实出发是好意，但这种好意是否能被皇帝接受，却大成疑问。

第三就是赵构一心议和，金兀术又有“必杀岳飞而后可和”的话，这样就迫使赵构下了杀害岳飞的决心。

在中国有一个不成文的规矩，凡是迫害忠良的事，那罪大都记在一两个奸臣头上。其实奸臣固然可恶，可没有皇帝默许和怂恿，哪个奸臣能成气候？所以，该跪在岳坟前请罪的，是宋高宗赵构；该让我们反思的，是我们解读历史时的坏习惯。

伍 明清近代

郑和为什么下西洋?

大明朝永乐三年(公元 1405 年),苏州刘家港(今江苏太仓东浏河镇),63 艘满载瓷器、丝绸、铜铁器和金银等物的宝船起锚出发。这支浩浩荡荡的船队到达福建后,从福建五虎门扬帆出海。船上有水手及官兵 27 800 多人,他们将要去的地方是今天加里曼丹至非洲之间的海洋,当时称“西洋”。带领这支远航舰队的,是内官监太监郑和以及副使王景弘。

郑和下西洋

这次远航历时两年,船队途经占城(今越南南部)、爪哇、苏门答腊、锡兰(今斯里兰卡)等地,经印度西岸折回。之后,郑和又多次(有的说 7 次,有的说 8 次)率领舰队出海,经过三十多个国家,最远曾到达非洲东岸、红海和伊斯兰教圣地麦加。舰队中最大的船只长 44 丈 4 尺,宽 18 丈,可容纳 1 000 人。郑和的航行比起大名鼎鼎的哥伦布来要早半个世纪以上,舰队规模和船只之大也要超出他几倍,是世界远程航海史上的创举,海内外为之轰动。郑和的事迹在明代就广为流传。万历年间,有个名叫罗懋登的书生以此为题材创作了一百回的小说《三宝太监西洋记通俗演义》。可惜,书中大量描写鬼怪神异,没有很好地表现这一件中国历史上的大事。20 世纪末,英国退休海军军官加文·孟席斯对郑和远航产生了研究兴趣,他用 14 年的时间,做大量调查,追踪郑和船队在全球的航线,先后达到 120 个国家,访问了 900 多家图书馆、档案馆和博物馆,还到中世纪末期世界各主要港口寻访船队的遗迹,于本世纪初出版了研究郑和远航的著作《1421:中国发现世界》。这本由外国人撰写的关于中国人远航的著作,销路非常之好,在英国首印 10 万册,紧接着是美国 20 万册,世界 60 多个国家和地区相继出版了这本书,销量突破百万册。2005 年,京华出版社将其翻译为中文出版。

郑和原来并不姓郑,他和许多回族人一样,姓马,小字三保,亦作"三宝"。明初,马三保入宫做了宦官。燕王朱棣以讨齐黄为名,发动靖难之役,马三保跟随燕王起兵,燕王即位,赐姓郑。郑和的祖父和父亲都到过麦加,祖辈们的这种经历想必会使郑和对于外面的世界有所了解,并激发他探索外面世界的好奇心。但远航毕竟不是个人的事,远航所费,也只有国家才承担得起。于是,人们就一直在猜测:明成祖朱棣究竟为什么要派郑和出使西洋呢?

按正史上的说法,郑和下西洋是出于外交上的原因。《明史·宦官传》载:(郑和)"遍历诸国,宣天子诏,因给赐其

君长，不服则以武摄之。”明成祖朱棣的江山是用刀枪从建文帝手中抢夺来的，靖难成功后，他希望能像朱元璋时一样，受到周邻各国的承认和拥戴。而自洪武末年以后，海外很多国家长期并不来贡，当时的周边环境也不太安稳，海盗猖獗，不利于明朝将重点防护放在对付北元残余势力的大战略。在这种情形下，明成祖派遣郑和出使，一方面剿灭海盗势力，清除不安定因素；另一方面则封赏周邻各国，扶正祛邪，发展与各国的友好往来，欢迎各国前往明朝观赏进贡。郑和那支庞大的舰队，不无耀武之意，而宝船上的宝物却是给赐用的，也就是说，明王朝想通过郑和下西洋来施行他胡萝卜加大棒的外交政策。

有的说郑和下西洋是出于经济原因，为了发展海外贸易，换取海外珍宝。郑和下西洋成功地打开了海外市场，西太平洋和印度洋各地都欢迎中国的产品，中国的瓷器、绢帛、棉布、铁器、铜器等，成了他们的生活必需品。另外，下一次西洋，明朝固然所费不赀，但也换回了许多“无名宝物”。郑和之后，对外贸易全由私家商业资本经营。《明史·夏原吉传》载，夏原吉请太子（也就是明仁宗朱高炽）“罢西洋取宝船”。明穆宗到明神宗时期，由于倭寇骚扰，明廷封锁海面，禁止商船出入，只留广州一处通商。但“私通滥出，断不能绝；大利所在，民不畏死”。可见下西洋已经成了海外贸易的重要渠道。

范文澜的《中国通史简编》、吴晗的《明初对外政策与郑和下西洋》等则认为，郑和下西洋除了经济方面因素外，还带着皇上的秘密使命，就是寻找建文帝的下落。1402 年，燕王朱棣发动“靖难之变”，攻破南京城后，关于建文帝的下落一直有两种说法，一说死在宫中；一说建文帝逃亡。建文帝会不会逃到海外去呢？朱棣派郑和出海，就是为了探访此事，消除政治隐患。《明史·郑和传》对此有记载。但也有人反驳说，建文帝为人忠厚羸弱，被朱棣从帝位上赶下后，即使逃到国外也不会有什么能耐，这些情况朱棣应当明白，何必非要“活要见人，死要见尸”，三番五次派郑和率领二万余人的庞大船队兴师动众出海寻找？

总之，郑和下西洋客观上对睦邻友好、打开国外市场、促进经济贸易起了积极的作用，至于当初是否还有某种隐蔽的政治使命则只能存此一说了。

谁烧了郑和下西洋的资料？

郑和七下西洋，历经三十多个国家，宣扬了大明王朝的军事、经济实力和睦邻政策，开通了海外贸易的道路，同时也换回了很多其他国家的特产。他在人类远洋航行史上所作的贡献更是举世瞩目。遗憾的是，关于郑和七下西洋的官方资料竟全部荡然无存。这些资料到哪儿去了？历来的解说是：被供职兵部的刘大夏给烧了。

郑　和

郑和是个宦官，对于他出使西洋的事，历来就有人反对。《明史·夏元吉传》载，夏元吉就曾请太子（即仁宗）“罢西洋取宝船”。即使在他成功以后，仍有人认为，郑和虽然“宣威异域，普及南洋，为中国历史所未有，然以天朝大使，属诸阉人，亵渎国体，毋亦太甚”。刘大夏可能正是出于类似的考虑，把有关郑和下西洋的宝贵资料私下焚毁了。

记载这一说法的，是明人顾起元的《客座赘语》。顾起元是南京人，万历二十六年进士。他的《客座赘语》是一部专记史事掌故的笔记。而《客座赘语》中“刘大夏私焚郑和资料”的说法则来自更早的一部文人笔记《殊域周咨录》。这本书的作者是担任京官的嘉兴人严从简。据《殊域周咨录》记载，宪宗成化间，有太监劝皇帝效仿明成祖故事，重新下西洋。于是皇帝下诏到兵部索要郑和出使的海图等资料。时任车驾郎中的刘大夏事先将这些资料藏匿起来，兵部尚书项忠命吏入库搜索，最终没有发现。下西洋一事因此作罢。兵部尚书项忠没有找到郑和资料后非常恼火，他责问看管档案的小吏：库中案卷怎能丢失？在一旁的刘大夏从容地说：“三保下西洋，费钱粮数十万，军民死且万计，纵得宝而回，于国家何益，此特一弊政，大臣所当谏也。旧案虽存，亦当之。”由嘉靖二十年进士、官至吏部右侍郎的陆树声所撰写的笔记《长水日抄》中也记载了类似内容。

刘大夏所说的“旧案虽存，亦当之”的话，成了他焚毁史料的证据。问题是，藏匿和焚毁并不是一个概念。明代法律对官员极为苛严。按照《大明律》的规定，明朝官吏遗失“事关军机钱粮”的文书资料，不但要停发俸禄，而且要承受残酷杖责。无意遗失尚且如此，刘大夏如何敢故意焚毁？检点明史，竟然发现正史中从来没有记载过刘大夏焚毁资料的事。刘大夏是明朝中期的一位重臣，先后辅佐英、宪、孝、武 4 位皇帝，是德高望重的四朝元老。其人做事果敢，在宫廷的改革和黄河的治水方面建立了不少功勋。《明史》中有刘大夏的传记，而且篇幅不小，可见他在明朝的地位。可是，通篇传记中并无刘大夏私自烧毁郑和资料的记载。《明史》中和刘大夏同一时代的人物传记中也无此记载。

如果刘大夏没烧这些资料，那么是谁呢？答案非常叫人吃惊：是乾隆！

刘大夏藏匿有关郑和的资料的地点在哪儿呢？当然不可能带出去，应该还在府库之中。目前用于保存大内档案的第一历史档案馆中，存有明代档案3 620余件，它们几乎都是明末天启、崇祯两朝的，明初和中期的档案都没有，当然也没有郑和下西洋的资料。有学者解释说："明代档案所以保存不多，一因明清之际的战乱，二因清代乾隆时期修撰《明史》之后，按照当时惯例，对所依据的档案史料往往弃置甚至烧毁掉。"如果刘大夏所藏的史料还在府库之中的话，那么很可能，在修撰《明史》之后，同其他资料一起被弃置或烧毁掉了。不过，这可就不关刘大夏什么事了，该对此事负责的，应该是乾隆。

不管是由于刘大夏还是由于乾隆，我们今天再见不到郑和下西洋的史料，这是一个事实。这个事实反映出我们的先人对郑和下西洋所具有的重大意义严重认识不足，以及在这个问题上所表现出来的狭隘心态。好在历史总是公正的，郑和——尽管他是宦官——将和他七下西洋的事实一起永垂史册。

乾隆皇帝

有唐伯虎点秋香这回事吗？

对稍有点年纪的人来说，唐伯虎点秋香几乎是家喻户晓的故事。明人冯梦龙已在《警世通言》中编入了《唐解元一笑姻缘》，清嘉庆年间有署名吴信天的弹词《三笑姻缘》，另外，属于说唱文学的子弟书、宝卷等都有此题材的作品。香港电影中以此为题材的不止一部。都说唐伯虎路遇秋香，秋香莞尔一笑，令唐伯虎情不自禁，他一路追随秋香来到学士府，不惜卖身为奴，进入府中。由于他的聪明才学，很得华学士的赏识，最后争取到了在学士府中众丫鬟中任选一人为妻的权利，终于和心上人喜结良缘。在这些作品中，突出表现了唐伯虎的潇洒个性和他对爱情的执著，因此在广大老百姓的心目中，留下了唐伯虎是一个风流倜傥、放浪不羁的才子的印象。

那么，真有唐伯虎点秋香这回事吗？我们先来看看，历史上的唐伯虎其人。

唐伯虎，名寅，字伯虎，后字子畏，号六如，又号桃花庵主、逃禅仙吏等。明宪宗成化六年（公元 1470 年）出生于苏州的一个小商人家庭。他的先祖曾是唐朝功臣。他是明代著名的画家、文学家。他的画题材广阔，既善画山水，又工人物、花鸟；画法写意、工笔俱佳，与沈周、文徵明、仇英合称“明四家”。书法诗文也尽有可观。

唐 寅

《明史》为唐伯虎作的传记是这么写的：“唐寅，字伯虎，一字子畏。性颖利，与里狂生张灵纵酒，不事诸生业。祝允明规之，乃闭户浃岁。举弘治十一年乡试第一。座主梁储奇其文，还朝示学士程敏政，敏政亦奇之。未几，敏政总裁会试，江阴富人徐经贿其家童，得试题。事露，言者劾敏政，语连寅，下诏狱，谪为吏。寅耻不就，归家益放浪。宁王宸濠厚币聘之，寅察其有异志，佯狂使酒，露其丑秽。宸濠不能堪，放还。筑室桃花坞，与客日饮其中，年五十四而卒。寅诗文初尚才情，晚年颓然自放，谓后人知我不在此，论者伤之。”另外，一些地方志诸如《江南通志》《苏州府志》和《吴县志》等，对唐伯虎的记载也基本如此。

从这些记载来看，唐寅生平有这么几个特点：首先，他的确是个才子，只要他努力，就会有不俗的成绩，比如在弘治十一年（公元1498年）举行的乡试中，他就名列第一，被时人称作“唐解元”，并被学士程敏政所激赏，一时之间才名远播；其次，他也的确性格放浪，不管是年轻时的纵酒、成年后的佯狂使酒，还是晚年的饮酒，都表现出他性格好疏放的一面；再次，就是他仕途多舛。我们的社会往往不太能接纳像唐寅这样个性鲜明的人，唐寅的落泊看似偶然，其实有他的必然性。乡试后第二年，唐伯虎与自己的朋友、江阴巨富徐经一起进京参加会试，主考官有两位，一位是太子少保礼部尚书兼文渊阁大学士李东阳，另一位即是时任礼部侍郎的程敏政学士。按正史上的记载，徐经贿赂程敏政的家童，提前拿到了试题，后来事情败露，程敏政遭弹劾。这件事牵连到了唐伯虎。其实，徐经是否真的以贿赂程敏政家童得到了试题，当时的史料或者语焉不详，或者相互抵牾，《明史》上的记载也是非常简单的。唐伯虎才高如此，又有主考官的赏识，根本用不到参与这种舞弊的事，把他牵扯进去，完全是冤枉的。但程敏政在公开场合不止一次赞赏唐伯虎的文章，唐伯虎又是一副百无禁忌的狂放姿态，这显然触犯了宗法社会立身处世的大忌。换言之，唐寅这样的性格，即使不在程敏政这件事上栽跟头，也会栽在别的事情上。或者说，他根本就碰不到像程敏政那样能欣赏他的人。

科场失意的唐寅在苏州阊门内的桃花坞修建桃花庵别墅，退避其中，自称“桃花庵主”，过起了一种以卖文卖画为生的诗酒逍遥的生活。但这种宁静又被宁王朱宸濠的礼聘所破坏了。宁王朱宸濠早有异志，为了替日后打基础，他做出礼贤下士的样子，对唐寅礼遇有加，既以百金为聘，又在南昌专门为他修建了一套别墅。唐伯虎很快觉察到了宁王的别有用心，这样的政治漩涡，一旦陷下去，就有性命之虞。为求脱身，唐伯虎装疯卖傻，“佯狂使酒”，“露其丑秽”，也就是赤身裸体见人。朱宸濠失望之下只能放其还乡。这时，唐伯虎也已经到了知天命之年了。明世宗嘉靖二年（公元 1523

年)，五十四岁的唐伯虎结束了他富有传奇色彩的一生。

唐伯虎生平的传奇色彩，是与他的鲜明个性俱来的。唐伯虎在科场失意之后，便以卖画为生，同时遍游名山大川，流连红巾翠袖之中。他自刻一印，称“江南第一风流才子”。有关他的逸闻和传说，当时与后世的文人笔记中多有记载，比如《蕉窗杂录》《戒庵老人漫笔》《皇明世说新语》《风流逸响》和《诗话解颐》等等。唐伯虎点秋香的故事原出于《蕉窗杂录》，后经冯梦龙的小说发扬光大，故事在流传的过程中也越来越丰富。秋香的“一笑”变作“三笑”，“某仕宦”也最终变成了有姓有名的无锡华府。而在《唐解元一笑姻缘》中符号性的人物——公子，到弹词《三笑姻缘》中则演变成了两个充满喜剧色彩的陪衬性人物。所以说，唐伯虎点秋香，是事实上没有而情理中会有的事。

你知道海瑞的另一面吗?

若问海瑞是谁，差不多人都会说："是清官啊。"喜欢戏曲小说的人，还能讲出海瑞的一些故事：比如海瑞出任应天巡抚时，告老还乡的宰相徐阶及其家属子侄横行乡里，侵夺民田，迫害农妇，海瑞秉公办事，法办徐阶之弟徐陟等，因此被罢官。还有海瑞毁家买棺材，冒死上殿陈情等等。明代有人专门写了小说《海刚峰先生居官公案传》(简称《海公传》)，把民间传说的断案折狱故事都放在海瑞身上，就好像很多这一类的故事也被放到了宋代清官包公身上一样。

海　瑞

历史上的海瑞的确是一位秉性刚直的人物。他出生于明武宗正德九年(公元 1514 年)，广东琼山人，是回族。嘉靖举人。嘉靖四十五年(公元 1566 年)任户部主事时，因上疏批评明世宗迷信

道教、不理朝政等事，被逮捕入狱——后人就是根据这段史实，创作了新编历史剧《海瑞上疏》。明世宗死后，海瑞获释。隆庆三年(公元 1569 年)，任应天巡抚，曾令徐阶等退田。后因被张居正、高拱排挤，革职闲居 16 年——这也就是新编历史剧《海瑞罢官》的题材。海瑞于明神宗万历十五年(公元 1587 年)病逝，谥忠介。

因此，说起海瑞，人们总想到一个耿介的清官，而对于他别的事就不大了解了。

明人姚叔祥的《见只编》上，载有一条有关海瑞的材料，说："海忠介有五岁女，方啖饵。忠介问饵从谁与？女答曰：僮某。忠介怒曰：女子岂容漫受僮饵？非吾女也，能即饿死，方称我女。女即涕泣不饮啖。家人百计进食，卒拒之，七日而死。"清人周亮工的《书影》也引了这则材料。这个故事用白话来说就是，海瑞有个女儿，年方五岁，正在吃糕饼，海瑞问她，糕饼是从哪来的，女儿回答说：是某个仆人给的。海瑞生气地说："我女儿怎么能随便吃仆人的糕饼？你不是我女儿！如果就此饿死，才称得上是我女儿。"小女孩就哭着不吃东西了。家里人想方设法要她吃，她坚决不吃，一个星期后，女孩死了。对今天的读者而言，这是一个悲惨的故事。但把这个故事记录下来的(或者说创作出来)的人，却并不一定这么想。在他们眼里，海瑞的"怒"，扮演的是严父的角色，为的是让女儿从小就懂得尊严；而女孩的死，则昭示着有其父必有其女的道理，她用幼小的生命挽回了自己的尊严。

如果说，这个材料让我们感到海瑞刚直得不近人情的话，另一件事则恐怕更有损于我们心目中海瑞的形象。明人沈德符撰的《野获编·补遗》说，房寰曾经疏攻海瑞"居家九娶而易其妻”。就是说，海瑞的政敌曾攻击他私生活有问题。海瑞一生中，先后收为妻妾的妇女，计有王氏、潘氏、许氏、丘氏、韩氏等多人，后潘氏、许氏又被他休弃，逐出家门。不断纳妾，造成了他年“已耋而妻方艾”的局面。尤其是他在花甲之年还纳了两个年轻美貌的侍妾，妻妾相争，有两人同日自缢，成了言官疏参、时人讥评的话柄。在一夫多妻制的封建社会，一个大官，多纳了几个妾本不是什么大事，即使老夫少妻，也不为罕见。曾国藩晚年也曾纳一名年轻女孩为妾，女孩的主要任务就是在晚上给这位患瘙痒症的夫君挠痒痒（事见曾国藩日记）。我们感到多妻与我们心目中的海瑞有点格格不入，恐怕这主要不在于海瑞的过错，而在于我们把历史人物看得太完美了。

据《野获编》记载，海瑞的另一个政敌、吏科给事中戴凤翔曾疏参“瑞出京师，用夫三十名；德州而下，用夫一百余人。昨年差祭海神，假称敕访民事，恐吓当路，直至本乡。虽柴烛亦取足，有司抬轿径入二司中道，致夫皂俱被责三十，尚不愧悟！”这虽然来自对手的攻击，但恐怕也不是空穴来风。海瑞毕竟是个封建官僚，或者说，海瑞毕竟是个凡人，他不可能像我们所想的那样高大完美、一心为公、爱民如子。保证官员廉洁的关键条件不应该是个人的道德品质，而应该是法律制度。这也可以说，是海瑞的另一面所给予我们的启发吧。

《金瓶梅》作者究竟何人？

明代的小说中，以“四大奇书”最为著名。“四大奇书”中，最奇的要数《金瓶梅》。这部小说既不像《三国演义》，从史传中发展而来；也不像《水浒传》，描绘一个英雄的世界；更不像《西游记》，充满神仙鬼怪的诡异。它用平实得甚至有点啰嗦的笔墨，极有耐心地向我们展示毫无传奇色彩的平民生活。然而，它所表现的，却是我们真实的生活。人情冷暖、世态炎凉，尽在其中。和“四大奇书”中的其他几本小说不同的是，《金瓶梅》这朵奇葩并非由众手浇灌而成，它没有一个漫长的成书过程，是中国历史上第一部由文人独创的长篇小说。但偏偏是这位独享著作权的作者，和读者捉起了迷藏，让我们竟不知道究竟谁是这部小说的作者。

流传最广的说法，即作者为兰陵笑笑生。《金瓶梅词话》万历四十五年（公元 1617 年）刻本有欣欣子的序，首句云：“窃谓兰陵笑笑生作《金瓶梅传》”；末句又云：“笑笑生作此传者，盖有所谓也。”且不说我们不知道“兰陵笑笑生”是谁，连这种说法本身也遭到学者的质疑。因为明代人关于《金瓶

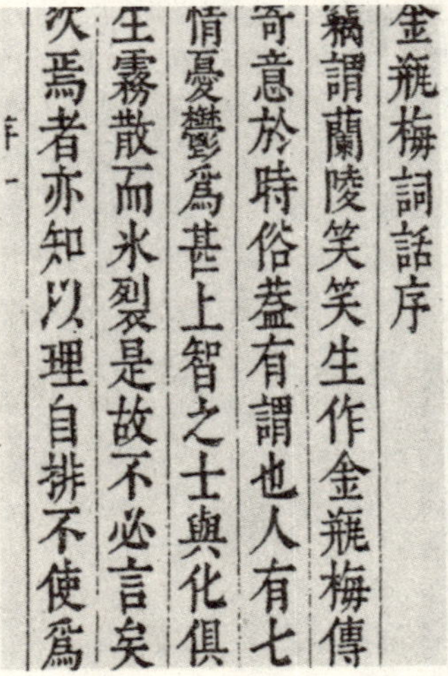
金瓶梅詞話序
竊謂蘭陵笑笑生作金瓶梅傳
寄意於時俗葢有謂也人有七
情憂鬱爲甚上智之士與化俱
生霧散而氷裂是故不必言矣
次焉者亦知以理自排不使爲

《金瓶梅》书及插图

梅》的作者共有五种说法，唯有刻本上提到“兰陵笑笑生”，而刻本又是诸多材料中最晚出的，在刻本问世之前，那些议论《金瓶梅》作者的人中为什么没有一个提到“兰陵笑笑生”？他们追寻作者时不可能忽略如此重要的线索，也不会忽视提供此线索的“欣欣子”。所以，刻本所谓的作者“兰陵笑笑生”，可信度值得怀疑，说不定有书坊主作伪的因素在内。

明代文人沈德符在《万历野获编》中谈到《金瓶梅》作者时说：“闻此为嘉靖间大名士手笔。”这句话也是人们寻找《金瓶梅》作者的重要依据。但明世宗的这个年号从公元 1522 年到 1566 年，长达 40 多年，在这段时间里生活过的文人，只要够得上是“大名士”的，都可能是作者。而“大名士”又没有个量化的标准，于是各人都顺着自己的思路想——

有人想出来是王世贞。因为王世贞是明代文人中的领袖级人物，《四库提要》说：“自世贞之集出，学者遂剽窃世贞。”这样的人当然是“大名士”。大条件符合，再找点别的证据，就是作者了。

王世贞

也有人想出来是李开先。因为李开先的《宝剑记》被《金瓶梅》多次抄引或化用，这两部作品对《水浒传》改编的指导思想、人物形象的塑造、事件发展的描写、语词的运用、行文的习惯以及对严嵩父子的影射等有相似之处。

徐　渭

还有人想出来是徐渭。因为袁中道的《游居杮录》云：“旧时京师，有一西门千户，延一绍兴老儒于家。老儒无事，逐日记其家淫荡风月之事，以西门庆影其主人，以余影其诸姬。琐碎中有无限烟波，亦非慧人不能。”而徐渭的籍贯，正是绍兴。他本是有才而怪诞的人，写这样一本奇书，当然也是可能的。

还有人想出冯惟敏，想出李贽……

到目前为止，被提名为《金瓶梅》作者的文人已超过了五十个。不难看出，这些说法都是推测而已，颇有“取其一点，不及其余”的毛病。理性的学者已经指出，《金瓶梅》作者的考证缺乏可靠的前提，许多考证的方法又不科学，所以，《金瓶梅》作者之谜，到目前为止并不具备揭开的条件，任何听起来言之凿凿的结论，其实都是不可靠的。《金瓶梅》的作者究竟是谁？实事求是的回答只能是三个字：不知道。

李自成最后有没有隐遁空门?

闯王李自成,因其所领导的农民起义关联到一个王朝的灭亡而格外引人注目。李自成兵败撤出北京后下场如何,也成了人们所关心的问题。关于李自成的下落,一般有两种说法:一种说法讲他最后是被杀的;另一种说法则讲他削发为僧,终老佛门。

李自成

说李自成是遇害的,在时间、地点上又各有不同的说法。时间上,有顺治二年(公元1645年)五月和顺治二年九月两种说法。地点上,有湖北通山九宫山、真定、江西宁州、江西新昌、宿松等多种说法。其死法也众说纷纭,有的说他是胁下中箭死的,有的说他是被乡民以梃(木棒)击杀的。最恐怖的说法是他被自己的部下缚送吴三桂，碎剐(寸磔)三日而死。至于杀害李自成的人,除了上面提到的吴三桂,还有乡勇、农夫、州人等说法。

说他遁入空门的,地点也各不相同,有湖南石门县夹山寺、黔楚之交的某寺、湖南益阳白鹿寺、五台山等等。做了和尚之后,也有人说他以奉天玉和尚的名义在幕后指挥大顺军余部联明抗清;也有人说他无所作为,最后到了贵州正宁县并死于该地。

所有这些说法中,李自成顺治二年九月死于湖北通山九宫山的说法最为普及。这一说法的主要依据是《明史·流寇传》。20世纪50年代,经过几位著名专家的考证,认为李自成顺治二年五月兵败后在湖北通山九宫山被当地乡勇杀害。郭沫若看了这些考证文章以后,认为考证是可信的,并发表声明,更正了他在《甲申三百年祭》中的说法。1988年1月13日经国务院核定并公布,湖北通山九宫山的李自成墓为全国重点文物保护单位。

但是,后一种传说似乎从来就没有销声匿迹过。尤其是关于李自成就是奉天玉和尚的说法引起了不少人的兴趣。湖南石门县为之还特别成立了李自成调查组。20世纪80年代,奉天玉和尚的墓被挖开,人们依据从中挖出来的和在当地征集的文物,作出种种解释,认定奉天玉和尚就是李自成,或长或短的文章发表了几十篇,一时成为热点新闻。媒体上还爆出这样一个"内幕":郭沫若其实也是主张李自成禅隐石门夹山寺之说的,只是因为建国后的时代背景不允许把一个农民起义的英雄写成一个和尚,所以他主持编写《中国史稿》时,特别叮嘱写作班子的成员要慎重。在这种形势下,

《中国史稿》就把李自成的下落处理成了被地主武装打死。石门县还使用一千多万元的巨额资金，在原来是一片荒丘的地面上，按明十三陵的样子，设计修建了一座占地数十亩的仿古建筑——“闯王陵”。“闯王陵”里，立了一块碑，碑上镌刻“大顺帝李自成将军”，下面的署名是毛泽东。

这样的大动作，引起了有关部门的重视。中国社会科学院历史研究所于 1996 年 7 月，根据上级领导的指示成立了李自成结局研究课题组，用了一年多的时间，搜集了与李自成之死有关的大量文献记载和文物资料，并到有关地区作实地考察。1997 年 5 月底，课题组邀请主张李自成禅隐夹山寺和主张李自成被害于湖北通山的两派代表，在北京举行了关于李自成结局问题学术讨论会，向大会提交了研究报告《李自成结局问题的由来和发展》。

报告认为，李自成兵败之后的结局问题，文献记载歧异甚多。经两百多年清代众多学者的考证，淘汰误记和伪说，共同结论是：李自成领导的农民起义军先后在山海关、潼关大败之后，顺治二年正月由西安撤退，向东南方向转进。从内乡、邓州、承天，直到武昌，被清军八旗劲旅穷追猛打，屡战屡败。从武昌沿长江水陆两路兼程溃逃，在富池口被清军追及，又遭到一次毁灭性的打击，损失惨重。乃放弃全部船只，登岸分散突围。四月下旬九江西之战败后，李自成亲自率领大约万余人的一支小部队，为清军八旗劲旅紧追不舍，一直追到九宫山区。围追李自成的清军将领，有传记可查的至少有 9 人，从其职衔推算，大约率领一万多人。李自成率少数亲随突围，又遭到南明节制下的乡勇伏击，于清顺治二年五月初遇害于湖广兴国州通山县九宫山，即今湖北省通山县九宫山。至于李自成遁入空门的各种说法，从乾隆年间开始，不断受到清代学者的批评，认为李自成遁入空门和黄巢遁入空门一样，没有可信的证据。民国年间，许多知名学者，就此进行了更深入的考证，充实了清代学者的考证。

课题组用了大量的时间和精力，研究奉天玉和尚的有关文物，并邀请文物专家举行座谈。经研究后认为，所有的文物没有一件可以证明奉天玉和尚是李自成，恰恰相反，石门(包括邻县)一带出土的和征集的文物，都有力证明奉天玉和尚不是李自成。至于闯王陵里署名毛泽东的碑文，并不是毛泽东为石门夹山寺的奉天玉和尚"墓"题写的。1944 年 4 月 29 日，毛泽东在读了健侯写的以李自成起义为题材的历史小说后，写信给李鼎铭先生，信中写到"大顺帝李自成将军所领导的伟大的农民战争，就是二千年来几十次这类战争中的极著名的一次。这个运动起自陕北，实为陕人的光荣，尤为先生及作者健侯先生们的光荣。"石门博物馆的工作人员从中截取了"大顺帝李自成将军"八个字由横书改为直书，并刻成碑，立在石门夹山寺的所谓"闯王陵"内。关于郭沫若的种种，也纯属子虚乌有。由此可见，李自成遁入空门的说法恐怕是有些人一厢情愿的成分居多，而不是历史的真相。

董小宛做了顺治的妃子吗?

明末清初，有一群色艺出众的青楼女子活跃在秦淮河畔。她们当中，有后来做了著名诗人钱谦益小妾的柳如是，有后来成为孔尚任笔下《桃花扇》中女主角的李香君，还有就是传说做了顺治皇帝贵妃的董小宛。

董小宛(又作“琬”)生于明熹宗天启四年(公元 1624 年)，名白，明末为秦淮名妓，16 岁时与文士冒襄相遇，深相爱恋，成为他的妾。清兵南下，董小宛辗转离乱之间，长达九年之久。清顺治八年(公元 1651 年)辛卯正月二日，董小宛去世，连 30 岁也没有活到，鲜花早谢，令人唏嘘。

董小宛

清世祖福临是大清国第一任帝王皇太极的儿子，登基时年仅 6 岁。成年后与科尔沁卓礼克图亲王吴克善的女儿博尔济锦氏结婚。帝后关系不好，隔了两年，顺治把皇后降为静妃，改册科尔沁镇国公绰尔济之女为后。但他最为宠爱的，却是宫中的董鄂妃。顺治十七年，董鄂妃病逝，顺治非常伤感，次年正月也撒手人寰。在位十八年。

顺治英年早逝，并且死得突然，未免引起种种猜测。有传说讲，顺治本来就笃信佛教，董鄂妃的早夭，更使他看破红尘，于是抛下江山，去五台山落发为僧。清初诗人吴伟业写过四首《清凉山赞佛诗》，诗意比较隐晦，相传就是吟咏清世祖的事情的。诗里面数次提到"千里草"，被认为是暗示"董"字(《三国演义》中就有过这样的暗示，童谣唱："千里草，何青青；十日卜，不得生"，暗示董卓要死)；清凉山是五台山的一座山峰，是暗指世祖出家。而这个令福临伤心到出家的董鄂妃，后来就被指认为董小宛。说是董小宛先是嫁给了冒辟疆，后来清兵南下，战乱中，董小宛进入宫中，深得福临宠爱，也就是所谓的"董鄂妃"。一些影视剧作品，也采纳了这一情节。

董小宛真的做过清世祖福临的贵妃吗？事实却是：没有！

首先是卒年问题。董鄂妃和董小宛虽然都属鲜花早谢，但去世的时间相去八年，分明不是一人。

其次是年龄问题。福临出生在1639年，董小宛生于明天启四年(公元1624年)，比福临年长十岁有余，董小宛去世时28岁，当时福临只有14岁。很难设想一个少年天子会要一个比自己年长许多的女子入宫为妃。

再次是民族问题。满人宫廷，向来"汉人无入选之例"，董小宛一个汉族女子，而且又是青楼出身，怎能入宫当上贵妃？

还有就是董小宛的夫君冒襄，字辟疆，号巢民，是明末清初的才子文人，他留下了一本名为《影梅庵忆语》的著作。在这本书中，冒襄饱含感情地记录了他与董小宛曲曲折折的结合过程。尤其是后半部分，他非常详细地记载了董小宛在战乱时期所表现出来的坚韧品质，记载了他们相濡以沫的感情生活。冒襄多病，"五年危疾者三，而所逢者皆死疾"，董小宛衣不解带，曲为服侍，忧劳过度，以至于"星靨如蜡，弱骨如柴"。作者写道："永诀时惟虑以伊死，增余病，又虑余病无伊以相侍也。"说明直至生命的最后一刻，他们还是厮守在一起的。

清人陈维崧在他的《妇人集》内，曾提到董小宛，并附有如皋冒褒的注语，说"姬后夭，葬影梅庵旁，张明弼揭阳为传，吴绮兵曹为诔"。这位陈维崧字其年，号迦陵，也是清代著名文人。他生于明天启五年（公元 1625 年），比冒襄小 14 岁，死于清康熙二十一年（公元 1682 年），比冒襄早五年，基本上可以说是同一时期的人；而冒褒与冒襄同是如皋（今属江苏）人，有人推测可能是他的族兄。根据这些情况来推断，他们的文字应该有相当的可信度。他们明确提到了殡葬董小宛的事，可见董小宛入宫是没有的事。

还有更为荒唐的是清代文人沈瓶庵和王梦阮。他们在研究《红楼梦》后得出结论说，林黛玉就是董小宛，也就是董鄂妃；那么贾宝玉自然也就是那位顺治皇帝福临了。贾宝玉悬崖撒手，说的就是福临五台山为僧。其实，清世祖出家，本来就是传说而已，并无可靠的根据。而董鄂妃即董小宛，更是无稽之谈。在这上面又附会上《红楼梦》中人，这真可以说是建筑在谎言之上的谎言了，说出来贻笑大方而已。

纪晓岚何许人也?

纪晓岚原本并不是个被大家所熟知的人物，就连他的大名“昀”(yún)，也时常被人读作“jūn”。他的火暴是电视剧《铁齿铜牙纪晓岚》的功劳。不过，人怕出名猪怕壮，纪昀名气大了，骂他的人也就多了，甚至有人称他为“三陪男人”。纪晓岚到底是个什么角色？我们先看看他的简历：

纪　昀

纪昀，雍正二年(公元1724年)出生于直隶献县(今河北献县)，字晓岚，又字春帆。4岁开蒙读书，24岁在顺天乡试中一举夺魁，30岁京城会试得中甲戌科进士。之后，纪昀曾多次主持各种考试，门生极多。他从乡试主考官、同考官到侍读、侍读学士，一直做到礼部尚书、协办大学士，成为朝

廷的文学重臣。乾隆三十三年（公元 1768 年），纪昀的生活中出现了坎坷：他的亲家做官亏空库银，将被抄家，纪昀向他的姻亲透漏了这一消息，为此，他被流放到乌鲁木齐。4 年之后，他获赦回京，重新回到翰林院，总纂《四库全书》的编修。嘉庆十年（公元 1805 年）纪昀离世，谥文达。他死的时候，很多高级官员临穴致祭，嘉庆皇帝御赐碑文，备极哀荣。

纪昀一生所做的最伟大的一件事，就是纂修《四库全书》。就《四库全书》本身而言，这是中国历史上最大的一部丛书，囊括了清朝乾隆以前中国历史上的主要文史百科典籍。作为《四库全书》的副产品《四库全书总目》是我国封建社会最大的一部官修目录，是中国封建社会目录学成果的集大成者，是中国封建时代学术的渊薮。《四库全书总目提要》，具有极高的学术价值，被历代文人看作读书和做学问的门径。对于这样一个重大的文化成果，纪昀功不可没。他担任的是《四库全书》的总纂官，总揽编纂事宜。虽说还有另外两人担任过总纂官之职，但是或任职短暂，或晚来早逝，只有纪昀自始至终参与其事，并在《四库全书》和《四库全书总目》的纂修过程中起到了举足轻重的作用。就纪昀本人而言，他在不到五十岁的时候进馆修书，殚十年之精力，把一生最成熟的阶段献给了修书伟业。以至有人问，纪昀这样好的学问，为什么不写书？清代诗人张维屏替他回答说：纪昀一生的精力都在《四库全书总目提要》中表现出来了，何必再写书！

对于纪昀为中国文化事业所做的巨大贡献，我们是不能视而不见的。仅仅因为纪昀也许有“偶尔陪乾隆聊天解闷”的事，就把他称作“三陪男人”，第一，未免有失厚道；第二，也表现出作者头脑中的旧价值观，仿佛文人非要参与政治才是正业，一搞文学，就有“弄臣”之嫌。岂不闻“屈平辞赋悬日月，楚王台榭空山丘”？伟大的文化事业比起那些在改朝换代中走马灯似的粉墨登场的帝王将相来说，应该是有意义得多。

纪昀在历史上主要是个文化人物，除了纂修《四库全书》之外，他也写诗歌和骈文，他的《阅微草堂笔记》是清代重要的笔记小说集。有关他的传说，大半也与文学有关。他喜欢笑，也喜欢对对联，偶然得一副妙对，就会乐不可支。有一次，纪昀接见新科状元，状元的名字叫刘玉树。纪昀问他住在哪儿，刘玉树回答说：“现居芙蓉庵。”纪昀听了这话，突然笑不可仰，随即退入内室，好久不出来。过了一会儿，让人请状元先回去。弄得刘玉树惴惴不安。后来才知道，纪昀听了他的话，忽然想到可以对成一副对子：“刘玉树小住芙蓉庵，潘金莲大闹葡萄架”。从形式上来说，这副对联相当工整；从内容上来说，下联用的是《金瓶梅》的回目，事涉淫亵，带有调笑的成分，所以纪昀便觉得非常好笑。纪昀《槐西杂志》中记载，他学陶渊明，自己为自己作挽联，上联是“浮沉宦海如鸥鸟”，下联是“生死书丛似蠹鱼”。刘墉听了后说：“上句殊不类公。”也就是说上半句与纪昀生平不切，那么下半句应该是贴切的，这说明，无论是纪昀自己，还是刘墉，都认为读书修书是纪昀一生最重要的事业。把他写成一个主持正义、勇斗贪官的英雄人物，是电视剧编导的事，与历史上的纪昀关系不大。历朝历代的评价中倒有关于这方面的不利材料，说他为人圆滑，不能主持公义。话虽如此，人活一生，能像纪昀那样在某一方面有所建树，已经相当不容易了。

雍正是否篡位?

康熙六十一年(公元1722年)12月20日,清圣祖玄烨去世。七天后,皇四子胤禛继位,第二年改年号为雍正,这就是清世宗。不久,有关雍正篡位的传说就开始流传,说是雍正将康熙传位遗诏中的“传位十四子”篡改为“传位于四子”,才得以登上皇帝宝座。从20世纪30年代开始,有历史学家以雍正继位问题为学术课题,得出了与民间传说基本一致的结论。至于雍正篡位的具体过程,则有各种各样的说法。有的说,篡改康熙诏书的事是雍正亲自下的手;有的说,帮助雍正篡位的是当时的步军统领隆科多。有的说,康熙刚咽气,隆科多赶紧从“正大光明”匾后取出密藏在那里

康熙皇帝

的诏书，把“传位十四子”改成“传位于四子”；有的说，科隆多手里捏着遗诏密而不发，等康熙断气，则假传圣旨立了四皇子胤禛。也有的说，篡改遗诏的当年的川陕总督年羹尧，并说雍正是他母亲和年羹尧的私生子。还有一个传说，虽然与篡改遗诏的事没直接关系，但也对雍正十分不利，那就是说，康熙是被雍正毒死的。康熙病重时，胤禛进了一碗参汤，康熙喝了就归天了。

如此种种，到底是真是假？

其中有一些传言显然是荒谬的，比如说雍正是年羹尧的私生子。事实上，雍正的年龄比年羹尧还大。况且年羹尧最后是为世宗所猜忌，罗织罪名，下狱责令自杀的。如果年羹尧真是他的生父，雍正这样做的可能性就几乎为零了。

还有说科隆多从“正大光明”匾后取出遗诏，也绝对不可信。把遗诏藏在“正大光明”匾后的做法，是雍正以后开始的。

清代宫廷的夺储斗争一向十分残酷激烈。康熙22岁时就立了太子，是他第二子胤礽。后来胤礽骄横跋扈，挥霍无度，并在朝廷里结成太子党，对皇权构成威胁。所以康熙四十七年，康熙第一次废太子。

废太子后，皇子们争夺太子位的斗争愈演愈烈。康熙为制止这种情况，第二年不得不重新立胤礽为皇太子。但三年后，由于太子党的威胁，康熙再废太子，并倾向于从皇三子、四子和十四子中选继承人。

雍正亲历这样的争斗，深知皇权交替是关系到政局稳定的大计。经过深思熟虑，他创立了秘密立储制度。如何秘密立储？就是当朝皇帝生前不公开宣布皇太子的人选，而是亲

自将预立的皇太子名字写好，密封于匣之中。遗诏有两份，一份放在皇帝身边，出行时随身携带。另一份置于故宫乾清宫“正大光明”匾后面，待皇帝临终或死后，由御前大臣、军机大臣等共同开启，再行公布。清朝共有雍正、乾隆、嘉庆、道光四位皇帝实行过秘密立储，此举成了清朝皇室家法。从此，清朝历史上再没发生过公开争夺太子位的宫廷斗争。所以说科隆多从“光明正大”匾后取出遗诏，显然是后人附会编造的。

雍正皇帝

有的传说则不实的可能性比较大，比如说篡改遗诏的说法。康熙诏书中汉文的“于”字是繁体字，同时更有满文，想改诏书并非将“十”改成“于”那么简单。康熙传位遗诏保存在中国第一历史档案馆，还拿出来展览过。遗诏用汉、满、蒙三种文字书写而成，关于传位是这样写的：“雍亲王皇四子胤禛，人品贵重，深肖朕躬，必能克承大统，著继朕登基，即皇帝位……”这里根本没有传说中“传位于四子”的那个最为关键的“于”字，而“皇四子”的“皇”字，也显然不可能是从“十四子”涂改而来，何况前面还有“雍亲王”字样。所以，篡改遗诏的说法不能成立。至于有的历史学家认为，这份遗诏根本就是伪造的，那又是另外一个问题了。

另外，我们还可以看看康熙临终前对十四子和四子所做的事情。康熙六十年，他将在西北指挥对准噶尔的战斗的第十四子允禵召回北京述职，第二年（也就是他去世的那一年），他在自己体弱多病的情况下让允禵重回前线。这显然表明十四子允禵不是要继大统的关键人物。而对四子雍正，康熙病危时派他代为祭天，祭天一般都是皇帝躬亲，这一举动就有了特殊意味。康熙在召见几个皇子时，下旨让雍正从天坛赶到寝宫，也显示了要把皇位交给他的迹象。当然，事实只有一个，对事实的判断却可以有多个。也有专家认为康熙派十四子允禵上前线，是希望他立功，帮助他建立权威，正是要把皇位传给他的意思。

总之，到目前为止，根据已经掌握的史料，雍正篡位是没有的事。至于有的学者对史料本身有怀疑，或者有不同的判断，那只是一家之说而已，证据是不充分的。

雍正是怎么死的?

如同他的继位登基让朝野上下议论纷纷一样，雍正的死也同样让人疑窦丛生。其主要原因，一是他死得早了点，二是他死得快了点。

清世宗胤禛，年号雍正，在位13年，和他的父亲、在位61年的康熙大帝比，实属短命。更重要的是，他的死毫无征兆，从得病到死亡，中间只有两天工夫。他死于雍正十三年(公元1735年)八月二十三，前一天，他突然得病，当晚，朝中重臣被匆忙召入寝宫，其时雍正已是奄奄一息。有人说，他好歹交代了传位给乾隆的大事；有人说，众亲王大臣赶到时，雍正已然暴毙，遗诏还是在乾清宫正大光明匾额后的锦匣里取出来的。再往前，他就在正常办公，清宫档案《雍正朝起居注册》中记载着他与办理少数民族事务的大臣议事、召见宁古塔的地方官员等事。

好端端的一个帝王怎么会暴亡?

最近情理的说法，是雍正的心脑血管出了问题。心血管意外，如大面积急性心肌梗塞；脑血管意外，如脑出血、脑梗塞(俗称“中风”)等,均可能突然发病并在短时间内置人于死地。可惜皇宫的档案只简要地记下了雍正的突然死亡,而没有说明任何原因。关于雍正死于心脑血管疾病的说法也就是一种可能性很大的猜测而已,找不到任何可以佐证的材料。

吕留良

最为流行的说法,是雍正遇刺身亡。凶手是个女人,名叫吕四娘。因父亲吕留良被雍正处死,她为报父仇,潜入宫中杀了雍正。这个传说中有真实的成分。历史上确有吕留良其人,他是明清之际的思想家,民族主义者。明亡后,曾散家财结客,图谋复兴,备尝辛苦。清廷开博学鸿词科,他誓死拒荐,后削发为僧。不过,他并不是被雍正杀死的。吕留良死于1683年,其时还在康熙朝。他死后,湖南书生曾静,读他的遗著,受到影响,立意反清,派他的学生张熙去游说川陕总督岳钟琪谋反,被岳钟琪告发。受曾静案的牵连,吕留良被剖棺戮尸,朝廷还焚毁了他的著述。至于他有个女儿是侠女之类,那就传说的成分居多了。更有传奇色彩的传说是,因为吕四娘一剑砍掉了雍正的脑袋,因此,安葬雍正时用的是一颗金子铸成的假脑袋。从宫中还传出这样的消息:自从雍正出事后,嫔妃侍寝必须脱去内衣,外面罩上长袍,由宫监背进去,再把长袍也脱了,裸体入御。安全措施严格到这种地步,好像是有点“一次被蛇咬,十年怕井绳”的

意思。

最新的一种说法，是雍正服毒身亡。雍正当然不是服毒自杀，恰恰相反，他是希望自己能够长生不老，因而像其他很多中国的帝王一样迷信起了丹药。雍正做皇子时，曾写过一首叫《烧丹》的诗："铅砂和药物，松柏绕云坛。炉运阴阳火，功兼内外丹。"这里提到的"内外丹"，涉及道教企求不死成仙的一种修炼方术：外丹，是指用天然矿物石药为原料，用炉鼎烧炼，以制出一种所谓的服后不死的丹药；内丹，是指通过内炼使精、气、神在体内凝聚不散而成丹，达到养生延年的目的。可见他在那时就不仅对炼丹有兴趣，而且也已经有研究了。登上皇帝宝座之后，雍正曾极力推崇金丹派南宗祖师张伯端，把他封为"大慈圆通禅仙紫阳真人"，并敕命在张伯端的故里建造道观以做崇祀。最晚在雍正四年（公元1726年）开始，雍正就经常吃一种叫"既济丹"的丹药。他感觉服后有效，还作为特殊礼品赏赐给云贵广西总督鄂尔泰、河东总督田文镜等一些宠臣。雍正八年（公元1730年）的春天，雍正皇帝闹了一场大病。为了治病，雍正命令内外百官大规模访求名医和精于修炼的术士。为此，他给河东总督田文镜、浙江总督李卫、云贵广西总督鄂尔泰、川陕总督查郎阿、山西巡抚石麟、福建巡抚赵国麟等一大批地方高级官员，分别发去文字完全相同的手谕。据清宫档案记载，从雍正八年闹病到五年之后死去，雍正皇帝参与道教活动一直十分频繁。在皇宫，除了专门进行道教活动的钦安殿外，雍正还请道士们在太和殿、乾清宫等主要宫殿安放道神符板，在他的寝宫养心殿安设斗坛，以求道神的保护。雍正为做法事，还在苏州定做道士们穿的丝缎法衣，一次就是六十件。今天的北京故宫博物院，仍保存着雍正当年身穿道教服装的画像。雍正甚至在御花园建了几间房子专门给道士娄近垣等人住，以便随时请这些道士祈祷修炼。雍正不仅在全国大范围地秘密寻访道家术士，而且还在皇宫里与道士们打得火热。这些道士虽然其方术各不一样，但均属“修炼养生之人”，其目的都是为雍正“治病驱邪”。这当中有念咒按摩的贾士芳之流，有设坛祈祷的娄近垣之辈，还有“为炼火之说”的张太虚、王定乾等一伙人。稍有医学常识的人都知道，丹砂有毒，服用不当，就会死于非命。雍正曾在田文镜的一件奏折上，用朱砂笔写道：“此丹修合精工，奏效殊异，放胆服之，莫稍怀疑，乃有益无损良药也。朕知之最确。”雍正劝自己的宠臣，对御赐丹药，放开胆子吃，丝毫不用怀疑，正可见大臣们对这种东西是持怀疑态度的，而雍正竟不惜现身说法，可见他对自己所服用的丹药已是确信不疑了。根据这些情况来看，雍正很可能是误服了什么丹方，致使一命呜呼。当然，这也仅是又一种可能性比较大的推断而已。

香妃化作蝴蝶飞走了?

琼瑶编写的电视连续剧《还珠格格》中,有小燕子等人帮助香妃逃走的情节。香妃原有意中人,被清军俘获后,宁死不屈,皇帝也对她无可奈何。小燕子等人同情她的遭遇,尽全力帮助她逃走,并编造了香妃化作蝴蝶飞走了的谎言。其实,若要认起真来,岂止香妃化作蝴蝶飞走是谎言!

在电视连续剧《还珠格格》中,香妃化作蝴蝶飞走是假的,真相是她在小燕子等人的帮助下逃出了虎口。然而在原有的传说中,香妃却没有这么幸运。佚名的《回部香妃》,大致记载了民间流传的香妃故事:

乾隆皇帝听说,回族有一位王妃,长得比中原女子更为美丽,更奇的是,她不需熏沐,周身散发着一种异香,人称香妃。定边将军兆惠要去西部打仗,来向皇帝辞行,乾隆顺便就提到了香妃,让他留心这个女子,看看到底有多奇异。兆惠在回疆打了胜仗,果然活捉了香妃。乾隆非常高兴,诏令沿途地方官员小心谨慎地伺候,一是怕路途劳顿,损坏了香妃的容颜;二是提防她有自杀行为。香妃进宫后,果然国色天香,乾隆皇帝大为倾心，特意在西苑建造宝月楼供香妃起居。

香妃平时看上去并无忧戚的表情，好像不知道亡国之痛似的，但只要一见到乾隆，立刻冷若冰霜，一言不发。皇帝让宫中能说会道的人去说服她。香妃从衣袖中抽出一把刀来，说："国破家亡，我早就决意要死，只是不肯像那些小儿女糊里糊涂白白送命，一定要找个报仇的机会报答故主。皇上如果强逼我，那就遂了我报仇的心了。"听的人大吃一惊，想叫人来夺走她的凶器。香妃笑着说："没用的，像这样的刀我内衣中藏有几十把，你们难道能全都夺走吗？再说，你们如果敢用强，我立刻自杀，看你们怎么办！"宫人无可奈何，皇上也对她没办法，只能时常去她那儿坐坐，希望随着时间的流逝，她的报仇之心能懈怠下来。同时让人将她看得牢牢，以防不测。几年时间就这样过去了。

皇太后知道香妃的事后，很为皇上的生命安全担忧。有一次，即将举行祭天大典，乾隆事先去斋宫斋戒沐浴。太后见机赶忙叫人把香妃召来，问她："你不肯屈志，究竟作何打算？"香妃回答："唯死而已。"太后说："那么今日就赐你一死，怎么样？"香妃非常高兴，向太后磕头拜谢。于是太后命人将香妃领到另外一间屋子里，把她缢死了。乾隆在斋宫听说此事，立马赶回宫中，但香妃已经死了。她面色如生，脸上似乎还带着笑容。乾隆帝悲伤不已，以葬妃子的礼仪很隆重地安葬了她。

如此说来，香妃最后还是死了，并没有逃出宫中这回事。1914 年，故宫浴德堂展出了一幅题为《香妃戎装像》的清代女子戎装油画像，仿佛证实了香妃的存在。但进一步考据，历史上其实根本不存在香妃这个人。

乾隆帝大阅图

乾隆帝先后有嫔妃四十多人，其中属于当时回部的，只有容妃和卓氏。她来自叶尔羌(今新疆莎车)，一般认为她就是传说中的香妃。但从容妃的生平来看，她和香妃有几个明显的不同：

首先，她并不是被掠进宫的。和卓氏是秉持回教始祖派噶木巴尔的后裔，生于雍正十二年(公元 1734 年)九月十五日，属和卓旗。乾隆二十五年(公元 1760 年)二月，定边将军兆惠平定回部，和卓氏亲属因配合清军作战有功而受封，并到京师定居，和卓氏也随同到京师。后来和卓氏被选入宫。而在这之前，有史料证明，乾隆帝已经下令在西苑修建宝月楼。所以，乾隆想要取悦香妃的种种，都是不实之词。

其次，和卓氏并没有抗拒乾隆的行为。她在乾隆二十七年五月被封为容嫔，又在乾隆三十三年六月，她三十五岁的时候晋升为容妃。她深得乾隆帝宠爱，曾随乾隆帝东巡、南巡，而且允许她在宫中着本族服装，还专门为她配备了回部厨师。

再次，她在宫中善终，并没有被太后赐死的事。自乾隆五十年起，容妃因病很少于宫中露面，乾隆五十三年（公元1788年）四月病故，年55岁。传说当年容妃去世后，其遗体由灵轿运送到喀什噶尔东北郊的伊斯兰墓群下葬，一架“驮轿”还停放墓侧。

还有，史籍与档案中，从未有过容妃身体散发异香的记载。还有那幅清代女子的戎装像，也有人认为它的命名是不可靠的，是后人依据传说附会上去的。真正的容妃墓也不在喀什噶尔（今新疆喀什），而在河北遵化县马兰峪清东陵裕妃园寝中。1979年10月容妃墓被发掘，地宫有两个券堂组成，均为拱券石结构。在金券的宝床上，停放一红漆棺木，棺帮为盗墓人砍开一大洞，棺中已空，棺头正中有数行回文文字，意为“以真主名义……”棺木西侧有一头骨，西北角又有一根85厘米长的花白发辫、青缎衬帽、包头青纱等，还有一些龙袍残片和几件织物，织物上织有“江南织造臣成善”、“苏州织造臣四德”等字样，墓中还存有如意、荷包、珍珠、宝石、猫眼石、钻石等。棺头文字表明墓主为伊斯兰教信徒，龙袍和猫眼石等证明其身份为妃子，由花白发辫推断死者为55岁左右，织物上“四德”“成善”皆为乾隆五十三年的织造官，一切都证明这才是真正的容妃墓。

可见，容妃并不是香妃。或者说，香妃是以容妃为原型创造出来的一个传说人物，她与历史上的真人相去甚远，完全不能同日而语。

郑板桥糊涂吗？

常见人们手中的折扇上、厅室的条幅上，书写着郑板桥赫赫有名的四个大字：难得糊涂。看来，那郑板桥对糊涂很有兴趣。那么，他到底糊涂不糊涂呢？有人撰文说，郑板桥看似倔强不驯，推崇“糊涂”哲学，其实自己却从不糊涂，而且始终保持着异常狡猾的世俗心态。是不是这样呢？我们且来看看。

郑板桥《兰竹图》

郑板桥在功名上不糊涂。他自己刻过一方印章，写的是“康熙秀才，雍正举人，乾隆进士”。康熙末年为公元 1722 年，其时郑板桥 30 岁，也就是说，郑板桥未到而立之年而成秀才。1732 年（雍正十年），40 岁的郑板桥赴南京乡试，得中举人。

1736年（乾隆元年），郑板桥赴北京，试礼部中式成进士。其时，他44岁，取得了中国古代文人的最高学历。尽管“一枝桂影功名小，十载征途发达迟”（郑板桥《得南闱捷音》），但与文学史上的另一些作家相比，他算是一路顺风的。比如，明代的散文家归有光，嘉靖十九年中举之后，竟然“八上春官不第”；《聊斋志异》的作者蒲松龄，19岁时连考县、府、道三个第一，之后却屡试不第，恨得他在小说中借题发挥，大骂试官连瞎了眼的和尚都不如，写的文章臭不可闻（《聊斋志异·司文郎》）。郑板桥得中进士后，曾作《秋葵石笋图》一幅，题诗曰：“牡丹富贵号花主，芍药调和宰相祥。我亦终葵称进士，相随丹桂状元郎。”说明他对功名很在意，不糊涂。

郑板桥在为官上有点儿糊涂。他先是没官做，中了进士之后，一直没有拿到实缺。1741年，已经49岁的郑板桥再度入京，候补官缺。几经周折，这次他终于受到慎郡王允禧的礼诚款待。第二年获得山东范县令一职。1746年，郑板桥54岁，调任潍县。在两县当了十二年的七品官。官运如此不亨通，看来他对为官之道不是很清楚。郑板桥在潍县为官期间，出现了大饥荒，连吃人的事都发生了。郑板桥未等申报就开仓赈贷，有人劝阻，他说：“这都什么时候了？等辗转申报上去，老百姓都死绝了。有什么罪错我来承担。”他又大兴工役，修城凿池，招远近饥民前来做工，他们的伙食，则由当地的大户轮流开厂煮粥供给。这实在是一举几得的好办法，救活了成千上万的人。可是在官场上，为百姓做好事并不见得你就是个好官。郑板桥眼睛太向下看，《扬州府志》说他“于民事纤悉必周”，自以为对百姓好就是好官，最后终于因为请赈而得罪了高层，不得不称疾去官回乡。对于官场的

游戏规则，郑板桥恐怕是有点糊涂。他的一首《潍县署中画竹呈年伯包大中丞括》很说明问题：“衙斋卧听萧萧竹，疑是民间疾苦声；些小吾曹州县吏，一枝一叶总关情。”他不懂得，官场上“对上负责”远比“对下负责”重要得多。他对百姓好，百姓固然记着，郑板桥离任时，百姓遮道挽留，家家画像以祀，但这终究不能改变他“晚年竟无立锥”的潦倒命运。

郑板桥还有个毛病，就是为人疏放不羁。家酷贫的时候，还好声色。在范县做官的时候，他“日事诗酒”，调任到潍县，还是依然故我。魏晋时的嵇康还比他清醒，知道“情意傲散”“至性过人”于做官是不合适的（嵇康《与山巨源绝交书》）。郑板桥更糊涂的是居家过日子。他有一手好字画，也不是不能换钱的，问题是他“所入润笔钱随手辄尽”，穷到寄居在同乡的家里，他居然还“豪气不减”（蒋宝龄《墨林今话》）。如此看来，怎一个“糊涂”了得？

在艺术上，郑板桥可说是既糊涂也不糊涂。中国的书法，真、草、隶、篆，向来分得很清楚，他却隶书取一半（隶书又称八分书），真、草各取一分，篆半分，自创了所谓“六分半书”，而且又用作画的方式去写，让人惊怪不已。同样，传统文人，都善吟诗诵词，他却把下里巴人的道情也当作一回事来写，并让幼女招哥首唱之。他善画兰竹，名播中外，可到底落个怪名，成了“扬州八怪”之一。

以上种种，你说郑板桥到底糊涂还是不糊涂呢？

《李秀成自述》是真是伪?

李秀成

1864年7月,轰轰烈烈的太平天国革命在其都城天京(今南京)被湘军攻破以后,宣告失败。忠王李秀成保护天王幼子突破重围后,在城郊被湘军俘虏。在囚室中,李秀成写了洋洋数万言的《自述》,供认自己参加太平天国的历程。李秀成的自述完成之后,曾国藩命人誊抄一份上报军机处,而李秀成的亲笔原稿则被曾国藩私下保留了下来。那份誊抄的文本由九如堂刊刻行世,而被曾氏保留下来的原稿则深藏曾家密室,由曾国藩的后人保管,秘不示人。因为九如堂刻本"李秀成自述"是经曾国藩删改过的,所以人们都很想知道李秀成的原稿究竟是什么样子的。可惜在20世纪40年代之前,除了曾家后人,谁也没有见到过真迹。于是人们不禁猜测:李秀成的原稿里到底有哪些内容呢?这份材料到底是真还是伪?

曾国藩

1944 年,在广西通志馆工作的吕集义先生,颇费周折,终于在曾国藩老家湖南湘乡见到了李秀成的手稿,并据此出版了《忠王李秀成自述原稿校补本》,以增补原来的九如堂刻本。根据这份材料,专家认为,《李秀成自述》应该是真的。首先,从字迹来看,上海市文物管理委员会藏有李秀成的亲笔 28 个字,是当时参加审讯李秀成的庞际云保存下来的,笔迹鉴定专家认为,这 28 个字与“自述”上的字应该是同一个人所写。其次,从内容来看,“原稿”将金田起义到天京陷落这 14 年的每一个过程和细节都描述得非常清楚,曾国藩恐怕捏造不出来。而且,“原稿”在称谓上多遵循太平天国的制度,这也不是曾国藩所能知道的。再次,从语言上看,“原稿”里用了很多李秀成家乡广西藤县的方言,决非曾国藩这个湘人所能伪造。于是,“原稿”是真迹的观点在很长的时间里似乎成为定论。

20 世纪 60 年代初,台湾世界书局影印出版了曾家所藏的这批“原稿”,这样一来,见到李秀成自述原稿全貌的,就不是一个两个人了。随之而来,相反的意见也就出现了。许多史学家提出了不同的看法,认为这份“原稿”并不是李秀成的真迹,而是曾国藩伪造或删改后,让人模仿李秀成的笔迹炮制的。模仿别人的笔迹,古已有之,不足为奇。从文献本身看，破绽也不少：根据其他史料，李秀成是每天写若干页交给曾国藩的，总共写了 9 天。按理说，每天写的最后一页一般总要空几行或几字，可“原稿”上每一天都写满最后一页纸、最后一行字，这就不像是逐日写成的；还有，“原稿”的字数和记载的字数相差很多。据记载，李秀成共写了 5 万字，而“原稿”只有 3.3 万字。还有 1 万多字到哪儿去了呢？如果是被曾国藩撕毁了，那么，“原稿”的内容应该是不相衔接的，然而，“原稿”却是前后内容完全相连的；再有，“原稿”的用词该避讳的时候不避讳，不该避讳的地方却避讳了，如果偶尔笔误，可以理解，而“原稿”在这方面的笔误却多得离奇。凡此种种，让人们相信：“自述”是伪造的。

那么，曾国藩为什么要对这份“自述”动手脚呢？最引人注目的一种猜测就是，李秀成可能在原稿里以种族之见说动曾国藩，其时汉人已握实力，满人积威已替，李秀成可能劝曾国藩反清，自己做皇帝。

这种猜测并不是空穴来风。曾国藩的湘军攻陷了天京后，力量变得空前强大。而清朝的“中央军”已经被证明是不堪一击的。以曾国藩当时的力量，完全有可能推翻满清，自立为皇帝。曾国藩的手下也多有劝他反清的。据传，曾国藩的部下彭玉麟曾写密信给他，问“东南半壁无主，老师岂有意乎”？曾国藩吓得面色都变了，急说：“不成话，不成话，雪琴（彭玉麟）还如此试我，可恶！可恶！”把信撕碎搓成团，吞下肚去。据此可以推测，李秀成也可能劝说曾国藩自立为王。

对这样招引杀身之祸的东西，曾国藩当然要把它销毁得干干净净，以便死无对证。据说曾国藩的家人后来曾说过这样一件事：曾国藩的外孙女曾广珊曾在闲聊中讲过“李秀成

劝文正公做皇帝，文正公不敢”的话。

关于李秀成自述真伪问题的两种意见其实可以结合起来，就是说，李秀成的确是写了自述材料（这可以说明为什么材料中有细节、有方言等捏造不出来的东西），但曾国藩也对其动了手脚（这可以说明有关文献与事实不符的现象），删除了他觉得有危险性的内容，并为了掩饰这一事实而让人重新抄写了“自述”。这就造成了“自述”真中有伪，伪中有真，真真伪伪，真伪难定的情况。

假如这一假想可以成立，那么首先关系到的是李秀成的名誉问题。劝曾国藩为帝，对李秀成来说，意味着他还牵挂着反清大业，说明他虽身陷囹圄，其志未丧。

同治帝死于什么病?

在中国封建社会中，或许是清代离我们最近的缘故，那些顶戴花翎的满清官员和他们的最高统治者——皇帝，总是出现在老百姓的茶余饭后。顺治的下落、雍正的登基，都是朝野上下议论的话题，同治的死因也一直为史学界和普通民众所津津乐道。

同治帝

如果说，人们议论雍正的死，主要是因为他死得太快的缘故；那么，议论同治的死，则主要是因为他死得太早。

清穆宗载淳，年号同治，公元 1862—1874 年在位，总共 13 年。在清代历史上，如果不算末代皇帝溥仪，同治在位时间之短，仅次于咸丰皇帝奕詝，和暴亡的雍正一样。但雍正好歹活过了半百，而同治的年龄

实在太小，去世的时候年仅 19 岁。这不能不引起人们对他的死因的种种猜测。

关于同治的死因主要有两种说法，一是说同治死于天花，一是说同治死于梅毒。

第一种说法有档案史料可以作证。设在故宫内的中国第一历史档案馆存有的清宫档案中，有《万岁爷天花喜进药用药底簿》，记载同治发病之初连续发了多天高烧，“脉息浮数而细，系风瘟闭束，阴气不足，不能外透之症，以致发热头眩，胸满烦闷，身酸腿软，皮肤发出疹形未透，有时气堵作厥”，以及“咽喉干痛，胸满作呕，头眩身热”等，这些都是出天花的症状。药底簿记载同治的皮疹分布在额部、发际、面颊、腕，逐渐延及臂、躯干，而至下肢，多见于身体暴露部位，呈离心状分布；还有头两天出现斑疹，数小时后斑疹迅速变为圆形的丘疹。出疹后，全身中毒症状反而明显减轻，胸堵烦呕现象减退，大便通畅，胃口渐开。又过了两三日，丘疹开始灌浆，成为疱疹，这种疹的中间凹陷成脐形，周围有红晕。到了起病的第八、九日，疱疹转为脓疽。又过两三天，脓疱逐渐干缩成痂。大约在发病后的二至四周，痂开始脱落。这些皮疹的分布部位和形态的转化也都与天花的症状相符合。本来，天花到脱痂也就基本结束了，大多数病人性命无虞，只是留下一脸瘢疤而已。可惜同治在天花后期不幸皮肤感染，“发热头眩俱退，惟湿毒乘虚流聚，腰间红肿溃破，浸流脓水，腿痛筋挛，头项胳膊膝上发出痘痈肿痛。”这种并发性的皮肤感染愈来愈重，使病人逐渐丧失了抵抗力。最后，皮肤感染发展到发生“坏疽性口炎”（俗称“走马牙疳”）的地步，此病一般发生在全身性疾病的末期，很可能导致全身衰竭而突然死亡。

如果相信这份档案是真的，那么同治死于天花应该没什么问题。但也有人认为，同治死于梅毒是一件不光彩的事，朝廷很可能为了掩饰而捏造了这份档案。如果此说成立，那么再有力的证据也不是证据了。曾担任过同治御医的李德立的后人李镇似乎正好证实了这种猜测。他说他的曾祖父李德立在为同治请脉时已经发现是梅毒之症，为慎重起见，他还特地邀请了当时一位有名的外科医生会诊，结果一致认为是梅毒——当时叫作杨梅大疮。要不要说出这个真相，让他们颇费踌躇。最后，他们觉得这层纸还是不要捅破为好。皇上染上了梅毒，毫无疑问会在内廷掀起一场轩然大波，同治的生母慈禧又是一个异常刚愎的人，弄得不好，祸水就会流到自己头上。既然此前宫中一直说皇上染了痘症，是照天花病症医的，那就仍然说天花得了。李镇还说，尽管他曾祖父用的还是些清热解毒的方子（因为药方要受到严格审查，既然不说出是梅毒，药方中也就不能出现治梅毒的药），但实际上已经把同治的生命挽救了过来，不凑巧的是，那天皇后阿鲁特氏到东暖阁探病，慈禧接到报告，悄悄潜来，恰好偷听到阿鲁特氏在同治面前说自己的坏话，她闯进去大发雌威，同治受到严重惊吓，从床上跌落在地，从此昏迷不醒。李德立入阁诊断时，同治已牙关紧闭，滴药不进，第二天晚上便死去了。

同治死于梅毒的说法虽然没有什么直接的文字方面的证据，但却在民间流传很广。因为患天花不至于送命，这几乎是常识。民间把出天花称作“天花之喜”，就是这个意思。何况同治是堂堂天朝皇帝，身边有的是高明的御医，怎么就

那么容易死的呢？曾在清廷贴身服侍过慈禧太后的女官德龄，也对同治死于天花的说法有所怀疑，她说：“因为同治的身体一向十分健壮的，论到天花这一种病症也决非就是绝症，只要医治得合法，调护得适宜，要治好也是很有可能的，至多不过使同治那样一个美少年变为麻脸而已。”既然死于天花之说不可信，那么同治到底怎么会死呢？人们很自然地想到了一种既与天花症状比较接近（也要有痘症发出）、又与同治生平行为比较吻合的病——梅毒。

同治有一妻四妾，皇后是清朝唯一的“蒙古状元”崇绮之女阿鲁特氏，另外有慧妃、瑜妃、瑨妃和珣妃。其中，慧妃是侍郎凤秀的女儿，西太后很喜欢她，曾经希望同治能立她为后。同治大婚后，两宫皇太后下了懿旨，让他亲政。但实际上，慈禧太后仍在时时干涉朝政，这让同治感到不快，母子间生了嫌隙。皇后阿鲁特氏站在同治一边，因此婆媳间也有矛盾。可能是由于政务、家庭上的烦恼，民间传出同治经常微行出宫，去花柳之地的说法。在八大胡同那样的地方，同治染上了梅毒。梅毒是一种性病，早期会在全身发出痘疹，俗称“杨梅疮”。宫中人或是不明就里，或是将错就错，说皇上染上了痘症，于是梅毒就变成了天花。梅毒后期会影响心血管、神经系统和其他脏器组织，在缺乏抗菌素的情况下，就可能致命。

这两种说法相互矛盾，却又都能自圆其说，看来，关于同治的死因，一时半会是不可能有明确的答案的了。

李莲英是真太监还是假太监?

中国历史上，有两种人是极容易在朝廷中添乱的，一是外戚，一是宦官。外戚与帝后有血缘关系，这且不去说他。宦官是净了身的人，地位极其低下。当年司马迁受了宫刑，痛不欲生之余，愤愤然写道："行莫丑于辱先，垢莫大于宫刑"，因为"事关于宦竖，莫不伤气"。他列举了历史上很多有关这方面的事例：春秋时卫灵公与夫人同车出游，叫宦者雍渠陪同乘车，孔子坐在后面一辆车上，他觉得自己追随在女人和宦者后面是耻辱的，便离开卫国去了陈国；还有商鞅，他得到秦孝公的赏识和重用，是由秦孝公所宠信的宦官景监引荐的，秦国的贤者赵良认为这是不正当的并为此感到寒心；汉文帝让宠幸

李莲英

的宦官赵谈陪同乘车，中郎将袁盎脸色都变了。宦官处于这样的地位，为何也能专政弄权呢？原因在于他们和帝后的特殊关系。除了家人，皇帝所接触的人，不是群臣，就是太监。相比较而言，太监们比群臣更能接近皇帝。从现代人际关系的角度来说，皇帝与群臣是工作关系，他们之间的接触个人成分比较少，而太监就不同了。他们伺候帝后的衣食起居，接触到的是帝后最私密、最个人的部分。如果相处得好，很快就会滋生出一种同样私密的个人关系。宦官与帝后这种近距离接触的优势，是旁人所无法企及的。历史上由于宦官得宠掌握大权，最后导致了政治混乱的不在少数。清代慈禧手下的李莲英，也是一个得宠宦官的例子。

李莲英继安德海之后，成为慈禧的总管，威势极盛，宫中称他九千岁。他曾随醇亲王去李鸿章处检阅水兵，被御史朱一新参了一本，说“恐蹈唐朝监军覆辙”。这个奏章上去后，慈禧勃然大怒，立即把朱一新降级，调补主事。据说有一次，李莲英看上了恭亲王手上的祖母绿扳指，恭亲王没有马上给他。过了没几天，慈禧召见恭亲王，也对他的扳指产生了兴趣。拿到手上看时，慈禧一面称好，一边顺手就搁在龙书案上了。几天后，这个祖母绿扳指便赫然出现在李莲英的拇指之上。李莲英威重如此，有关他的各种传说也就不胫而走。其中最耸人听闻的，就是说李莲英乃是一个假太监！如果此事为真，那么李莲英与慈禧就是情人关系，他凌驾于文武百官的秘密也就很好解释了。

但是，一个假太监要混进宫中谈何容易！净身到宫里当差，是当时人的一条生计。净身后要经过三勘六验，不要说未净过身，就是净身不彻底也是进不了宫的。在李莲英的家乡河间府，走这条路的人不在少数，因此也专门有一些药方可以让人在自宫后止痛止血。李莲英原是一个皮匠，辛苦劳作也养得活自己，怎奈生性好赌，好不容易积蓄一点钱，时常输个精光。于是，李莲英决定走另一条路。他的自宫非常彻底，刚过中年已经皱纹满脸形同老妪，尤其是喉音尖锐，异常刺耳，这些外部特征足可以证明他不是个假太监。

退一步说，即使李莲英净身不彻底，他在宫中要与慈禧有染也几乎是不可能的。清宫定制，王子年过十二岁就要分宫而居，各宫宫门之内都归嬷嬷宫娥上夜，内监人等只能在宫外听候差遣，等闲难越雷池一步。李莲英下处在北四所，距离慈禧寝宫很远，步行至少需半小时方能到达。要有些风吹草动，很难瞒得住周围人的耳目。

李莲英得宠原因不在于他的性别，而在于他的个性。他有小聪明，会见风使舵，做人小心谨慎。虽然有慈禧的格外垂青，他也不随便得罪人。相反，只要有可能，他总会为人排难解忧，美言遮盖。这样，他在与人方便的同时自己也得了方便。清宫里头，受过他一二好处的，从隆裕皇后开始，到光绪皇帝、李鸿章，直至一般的妃嫔宫娥、文官命妇，谁要是有了舛错，惹太后不高兴，他也总是尽量曲意回护。慈禧驾崩后，隆裕垂帘，李莲英能够平安出宫，隐息田园，其中是不无道理的。

李莲英告退离宫后，在北平东皇城根置了一所宅院，并过继了两个侄儿，作为嗣子。他还在东华门著名东兴楼饭馆，有三分之二股权。晚年衣食无忧，安享富贵。民国十五年春，李莲英因患急性肺炎，医治无效死亡。死后葬在德胜门外自置的茔地里，也算是得了个善终。只是他的两个嗣子不肖，把他挣下的一份家业败个罄尽。30 年代，北平市场上还能见到李莲英当年在宫中赏赐来的一些贵重物品。

袁世凯到底告密了没有?

光绪二十四年(公元1898年),是中国的多事之秋。这一年,也就是历史上鼎鼎大名的戊戌年,农历四月二十三,光绪下达了《明定国是》的诏谕,标志着中国历史上著名的戊戌变法开始了。朝廷内部,以光绪皇帝和慈禧太后为首,形成了势如冰炭的两大阵营——帝党和后党,也即维新派和守旧派。关于新政的上谕,如雪片般频频颁发,但由于守旧派的阻挠,这些诏令几乎成了一纸空文。农历七月三十,光绪帝颁发密诏给时任四品卿衔军机章京的维新派人物杨锐,焦虑地说道:"朕位且不能保,何况其他?"能够威胁到光绪帝位的,当然只有慈禧太后一人。说明其时的帝后矛盾已趋向白热化。八月初二,又由林旭带出第二次密

袁世凯

诏，令康有为“迅速出外，不可迟延”。康有为、梁启超、林旭、谭嗣同等维新派的核心人物接到密诏后，跪倒在地，痛哭失声，发誓要搭救光绪皇帝。最后，他们决定铤而走险，实行兵变，包围颐和园，迫使慈禧太后交权。八月初三，谭嗣同夜访法华寺，会见袁世凯，说服袁世凯举兵杀荣禄，包围颐和园，囚禁或者干脆杀了慈禧太后。袁世凯慨然允诺。八月初五，袁世凯向皇帝请训，当天乘火车回天津，向荣禄告密，出卖了光绪帝和维新派。当夜，荣禄赶回北京告变。八月初六晨，慈禧临朝训政，囚禁光绪，捕拿维新派，杀六君子，百日维新遂告失败。从四月底到八月初，新法维持的时间在一百天左右，时称“百日维新”。

谭嗣同

关于戊戌变法的这一段历史，一直流播在人们中间，也记载在史册上。它的直接依据就是袁世凯自己写的《戊戌日记》。袁世凯在日记中提到的告密种种，成了他叛徒嘴脸的最有力的证据。但是，也有历史学家在这当中发现了一些蹊跷，比如，直接找到袁世凯，让他杀了慈禧太后的人是谭嗣同，按理说，谭比其他人更加罪在不赦，可是慈禧下令捉拿的却是康有为兄弟，而且罪名是“结党营私，莠言乱政”，反而把维新派大逆不道的“罪行”轻描淡写了。似乎只有一条理由才能解释这一情况，那就是：慈禧此时还不知道谭嗣同要袁世凯杀她的事！也就是说，慈禧发动宫廷政变是

在袁世凯告密之前。

还有时间，似乎也不对头。袁世凯在八月初五上午觐见光绪后乘火车回天津，按照当时的火车时速，到达天津应该已是傍晚，袁世凯在《戊戌日记》中也写到了这一点。他再赶到荣禄处告密，应该已是晚间。荣禄即使想立刻向慈禧禀报这一紧急情况，也绝不可能当夜赶到北京去。因为其时北京—天津之间的火车刚通行不久，只在白天行车。有人说，荣禄是直隶总督，紧急情况下也许会开出一班夜间专车。这也是不可能的。因为当时缺乏夜间行车的设备、经验与技术，哪怕荣禄地位再高，也开不出夜车。既然荣禄八月初五夜间赶不到北京，慈禧也就无从知晓维新派的兵变计划，太后在初六上午就实行训政，完全是帝后矛盾激化的结果，和袁世凯告密并没有直接联系。

这样一分析，事情就变得非常奇怪：明明慈禧政变是帝后矛盾的自然总爆发，为什么袁世凯倒像是很乐意把这一责任揽揽到自己身上来？专家对袁世凯前前后后的情况作了整体分析后，得出了这样的结论：

袁世凯原本与维新派的关系非常好。甲午战争后，袁世凯与维新派的核心人物康有为结交。1895年，康有为上书皇帝时，袁世凯时在督办军务处当差，也曾向光绪帝上书，条陈变法事宜，两人观点十分相似。康有为第四次上书时，都察院、工部都不予接受代递，袁世凯曾帮助康有为向督办军务处要求代递。之后，康有为组织强学会，袁世凯积极参加。后来袁世凯到小站练兵，康有为等为他设酒饯行。在慈禧那边，也是把他看作维新派人物的。谭嗣同他们委以重任，也是由于这个原因。康有为对袁的印象极好，认为："袁倾向我甚至，谓吾为悲天悯人之心，经天纬地之才……”

对于维新派围园劫后的计划，袁世凯开始也并没有想到要去告密。仔细想想也是，袁世凯要告密，在北京完全找得到可靠的人，为什么非要回天津？而且，谭嗣同初三夜间与他密谈，为什么延宕到初五才去告发？这样紧急的情况，为什么要藏掖一天？袁世凯的这些举动，完全有理由让人相信：他开始并不打算告密。但正当维新派打算孤注一掷的时候，守旧派抢在前面发起了背水一战。据陈夔龙《梦蕉亭杂记》记载，袁世凯告密之时，杨崇伊在座。杨崇伊是从北京赶来天津向荣禄报告训政消息的。他在场，说明已是初六而非初五。陈夔龙官至湖广总督、直隶总督，戊戌政变后不久调到荣禄幕府，是荣禄的亲信，他的话应该有一定的可信度。一夜之间，形势急转直下，袁世凯被眼前的突然变故惊呆了。他害怕康有为供出谭嗣同曾去法华寺找他密谋兵变的事，为了保命，他痛哭流涕地将维新派打算围攻颐和园、杀慈禧太后的秘密和盘托出——那是守旧派尚不知道的情况。他这样做，既是洗刷自己，也是将功补过的意思。事后，为了向朝廷表示忠心，他在《戊戌日记》中，故意夸大了自己告密的主动性。由于袁世凯的告密，事态迅速扩大。八月初九，有旨将“张荫桓、徐致靖、杨深秀、杨锐、林旭、谭嗣同、刘光第均著先行革职，交步军统领衙门，拿解刑部治罪”。八月十三，不经审讯处决了六君子。八月十四，宣示六君子的罪状，其中有“包藏祸心，潜图不轨，前日竟有纠约乱党，谋围颐和园，劫制皇太后及朕躬之事，幸经觉察，立破奸谋”这样的话，说明袁世凯的告密已经由杨崇伊反馈到了北京。

从历史事实来说，袁世凯并非主动告密，而是为了保命，被动交代了维新派的计划。但这却一点也减轻不了袁世凯的罪责，反而更让人看清了他的卑劣嘴脸。他遭后世万人唾骂的下场，是改变不了的。

光绪皇帝是谁害死的?

光绪三十四年(公元 1908 年)十一月十四下午酉时(大约 17—19 点),清德宗载湉(光绪帝)在南海瀛台涵元殿崩逝,年仅 37 岁。贵为天子却如此短寿,这里面是不是有什么蹊跷?于是,关于光绪死因的种种传说开始不胫而走。

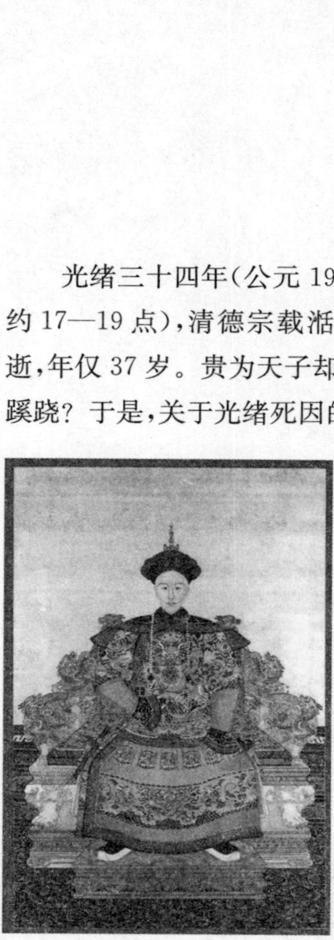

光绪帝

传说之一:光绪是被慈禧所害。

不知道是不是巧合,就在光绪死去的第二天下午未时(大约 13—15 点),他的政敌慈禧太后亦于南海仪鸾殿撒手西归。两个中国历史上的重要人物,死亡时间相距没有超过 24 小时。人们从光绪和慈禧不一般的关系中,看到了慈禧谋害光绪的可能。

光绪名载湉,同治十年(公

元 1871 年）六月二十八出生。他的父亲醇亲王是道光皇帝的第七子，咸丰皇帝的弟弟；咸丰的皇后，就是后来赫赫有名的慈禧。光绪的母亲叶赫那拉氏是慈禧的妹妹，姊妹俩嫁了弟兄俩。因此，光绪既是慈禧的侄子，又是慈禧的外甥。是同治皇帝的堂弟。同治十三年（公元 1874 年）十二月初五深夜，慈禧的独生子、清穆宗载淳（同治帝）因患天花突然去世。由于临终没有留下遗命，慈禧太后压制了其他一切意见，坚持要载湉入宫继承皇位。慈禧这么做，人们认为有主客观两方面的原因：客观上，同治皇帝没有留下儿子；主观上，慈禧就是想找个儿皇帝，为她再次垂帘听政创造机会。光绪元年（公元 1875 年）正月二十，4 岁的载湉在太和殿正式即位，这就是后来的光绪皇帝。

慈禧太后

一个生活尚不能自理的小孩来当皇帝，权力在谁手里是不言而喻的。问题是，孩子总要长大，按照清朝祖上留下的规矩，皇帝到了 16 岁就要亲政。这个政权交接的过程对一直大权在握的慈禧来说，无疑是痛苦的。或许就是为了把光绪紧紧抓在手中吧，慈禧对光绪一向很严厉，对光绪的婚姻大事，她更是一手操办，根本不容光绪置喙。皇后是慈禧的侄女、她的胞弟桂祥的女儿叶赫那拉氏。

对别人硬塞给他的、其貌不扬的皇后，光绪一点感觉都没有，倒是妃子中的珍妃，和光绪非常投缘。这样一桩强加于人的婚姻，恐怕反倒激起了光绪想要摆脱束缚的欲望。

光绪亲政后，已过了知天命之年的慈禧退居颐和园颐养天年，但她规定，光绪每隔一天必须亲往颐和园向她汇报政务，听候训示，国家大事都要秉承她的懿旨去办理。这样她实际上仍把握着国家政务。光绪还时时能感觉到慈禧安插在他身边的那一双双眼睛：隆裕皇后、太监李莲英……

光绪终于决定要做一点像个皇帝所做的事情。他在康有为、梁启超等人的影响和珍妃的支持下，试图改革政治，富国强兵。光绪二十四年(公元 1898 年)四月二十三，光绪颁布"明定国是"诏书，宣布变法，强调博采西学，推行新政，授予康有为"专折奏事"特权。这就是著名的戊戌变法。

变法遭到了守旧派的强烈反对。他们深知让慈禧来压制光绪是破坏变法的最好办法，慈禧对光绪的作为当然也是深为不满，这对"母子"的矛盾终于表面化起来，有了所谓的"后党"与"帝党"。

光绪二十四年(公元 1898 年)八月，在以慈禧为首的守旧势力的反对和镇压下，变法运动终告失败，康有为、梁启超出逃，谭嗣同等"戊戌六君子"遇害，珍妃被囚禁在钟粹宫后北三所，并且给她立下一条规矩：今后不许再见皇上。光绪本人也被囚禁在中南海瀛台。慈禧重新出面训政。她想过要把光绪废掉，当然也想过要杀害光绪。于是，晚清文人恽毓鼎的《崇陵传信录》中就有了这样的记载："有谮上者，谓帝闻太后病，有喜色。太后怒曰：我不能先尔死。"光绪在慈禧死的前一天咽气，应验了慈禧这句恶狠狠的话。徐珂编著的《清稗类钞》也说是慈禧病危期间，害怕自己死后光绪重新执

政，令人将光绪害死。

传说之二：光绪是被袁世凯所害。

袁世凯在戊戌年曾经叛卖光绪，假如慈禧死而光绪不死，他的危险可想而知。末代皇帝溥仪在《我的前半生》里说，他听一个叫李长安的太监讲过，“光绪在死的前一天还是好好的，只是因为用了一剂药就坏了。后来才知道这剂药是袁世凯使人送来的。”

传说之三：光绪是被李莲英所害。

英国人濮兰德·白克好司的《慈禧外传》和德龄的《瀛台泣血记》认为，清宫大太监李莲英等人平日仗着慈禧的权势中伤和愚弄光绪，他们怕慈禧死后光绪清算他们的罪孽，于是在慈禧将死之前先把光绪害死。

传说之四：光绪被不知何人所害。

民国时期的杂志《逸经》第 29 期，发表清宫御医屈贵庭的文章，说在光绪临死的前三天，他最后一次进宫为皇上看病，发现光绪本已逐渐好转的病情突然恶化，在床上乱滚，大叫肚子疼。没过几天，光绪便死了。这位御医认为，虽不能断定是谁害死了光绪，但却可以肯定光绪是被人暗中害死的。

关于光绪死因的官方说法，是因病不治身亡，属于正常死亡。近人翻检了很多文献资料，比如，清宫档案中的宫内御医为光绪诊病用药的医案，1908 年光绪去世前几个月的《申报》(该报一直密切关注光绪病情的变化，连续报道达 30 次以上，并多次刊出御医入诊的“脉案”和药方)，发现光绪 37 岁时遗精已将近二十年，腰腿肩背经常酸沉，耳鸣也有近十年，可见他一直身体不好。从现代医学角度分析，他患有严重的神经官能症、关节炎、骨结核和多系统的慢性消耗性疾病以及血液系统疾病，这是导致光绪壮年夭亡的直接原因。当然，光绪之所以患有这些疾病，与他的政治处境的艰难和精神生活的压抑有密切的关系。从这个角度说，他的政敌慈禧、他手下的叛徒袁世凯、他身边的监视者李莲英等，的确都是杀害光绪的凶手。

谁在甲午海战中率先逃跑?

甲午海战之前,清廷曾花费二十余年时间经营海军。就经费方面来讲,清政府投入海军的经费一点也不比当时日本的投入少。日本政府从 1868 年到 1894 年 26 年间每年投入海军经费合计白银 230 万两,只相当于同期清政府对海军经费投入的 60%。就硬件装备方面来讲,北洋舰队的装甲数量和质量都超过了日本联合舰队。北洋舰队的定远、镇远两艘

甲午海战图

铁甲舰堪称当时亚洲最令人生畏的铁甲堡式军舰，在世界上也处于领先水平。清朝政府正是基于这种力量对比，才毅然对日宣战。迎战日本时，日本联合舰队有战舰 11 艘，清廷北洋水师的战舰倒有 12 艘。没想到甲午一战就一败涂地，兵舰失掉 5 艘，其余的战舰也多受损伤，中国军队锐气全失。甲午海战的失败，并非偶然，有多种深层次的原因。就在战场上的直接原因来说，北洋水师的舰队不成阵势，以至被日军各个击破，是很重要的一点。那么，究竟是谁在海战中率先逃跑，造成了我国海军无法布阵？

丁汝昌

在很长一段时间内，这个罪人被指定是济远舰管带方伯谦。海战中济远舰累中敌炮，首先挂起表示本舰受重伤不能再战的白旗，后来看见邓世昌的致远舰被击沉后，管带方伯谦产生畏惧心理，率舰逃出阵外，驶回旅顺基地。广甲舰见济远逃跑，也尾随其后撤回，慌乱中触礁搁浅。济远、广甲的退出，使北洋舰队的阵势出现严重混乱，被日军各个击破，最终导致海战的失败。战后，水师提督丁汝昌向李鸿章报告海战情形，说“济远首先退避，将队伍牵乱，广甲随逃。若不严行参办，将来无以儆效尤而期振作”。李鸿章根据丁汝昌的报告上报军机处，请将济远舰管带方伯谦即行正法。军机处依报同意。随即，方伯谦在旅顺被斩首。广甲舰管带吴敬荣

则受到“撤职留营”的处分。现在使用的历史教科书，基本上都是这样陈述的。但是，方伯谦究竟是否海战中逃跑第一人，很早就有人提出疑问，20 世纪 80 年代以来，这个问题更是引起了有关研究人员的关注。

亲历甲午海战的广甲舰管轮卢毓英，在广甲舰触礁搁浅后，搭乘济远舰回到旅顺。他留下一份手稿，题为《卢氏甲午前后杂记》。他陈述说，真正首先逃跑的是他所在的广甲舰，而不是济远舰。广甲舰原在邓世昌为管带的致远舰的后面，看到致远舰被击沉，顿时“全军胆落，心愈慌乱”，在“未受一炮”的情况下就仓皇逃离战场，慌乱中触礁。而济远舰则是因为首当其冲，迎击既久，炮多炸裂倾倒，无从应敌，才被迫撤出战场的。从时间先后来说，广甲舰远比济远舰逃离得早；从性质来说，广甲舰是临阵脱逃，而济远舰是因为受到重伤不能再战才撤出战列的。

卢氏还分析了丁汝昌把方伯谦作为罪魁祸首的原因。他说，丁汝昌和方伯谦早就在私事上结下了仇怨：一是方、丁二人曾在刘公岛争地造屋；二是方、丁二人“在沪同溺一妓，俱欲以金屋贮之。妓以丁年老貌劣，不及方之壮伟，誓愿嫁方”。丁汝昌深恨方伯谦“夺其所好”。这一次，丁汝昌是借机公报私仇。卢氏还认为，甲午海战的失败在很大程度上是由于丁汝昌指挥不力造成的。丁为了推卸责任，就把方伯谦当成替罪羊推上了断头台。同时，海战中真正率舰逃跑的广甲舰管带吴敬荣，是丁汝昌的同乡心腹，丁汝昌之害死方伯谦，正可遮掩吴敬荣的罪行。

也有专家对卢氏手稿中所说是否正确，提出了质疑。专家分析，卢氏在广甲舰里亲眼见到并记录了致远舰沉没的情形，而方伯谦在他的报告中对致远舰沉没这一重大事件却只字未提。可见，致远舰沉没的时候，方伯谦已经逃离了现场，而广甲舰是在致远舰沉没后才离开战场的。

关于济远舰是否因受重伤不能再战才退出战斗的问题，也有人指出，日本海军方面的材料对和定远、镇远、来远、靖远、经远、致远等中方舰只的交战情况描写非常详细，偏偏没有对济远舰有所描述，说济远受伤如此严重值得怀疑。而且，济远舰处于队列的左翼，而海战的焦点却是在右翼。

尽管众说纷纭，但有两个问题几乎是毋庸置疑的：第一，即使方伯谦率先退出战场，也不能把甲午海战失败的原因全部归咎于他。甲午海战中我方阵势的混乱是由于战术上的轻敌和提督丁汝昌指挥不力造成的，是丁汝昌未等舰队列队完毕，就轻率地发出进攻的命令，以致使我方阵势出现混乱状态，被日舰各个击破，并不是济远舰的撤出才“将船伍牵乱”的。

第二，无论怎么说，方伯谦在战斗正在进行的时候就离开战场是不可否认的事实。根据北洋海军的有关章程，显然应该“临阵逃亡，斩立决”，即使不存在将队伍牵乱的问题，也不管他先前和丁汝昌有什么私人纠葛，他被正法是咎由自取，毫不冤枉的。

李鸿章是卖国贼吗？

学习中国历史，没有人不知道丧权辱国的《马关条约》《辛丑条约》，而这些条约的签署者，就是遭万人唾骂的清政府直隶总督兼北洋大臣李鸿章。与这些条约在一起，李鸿章成了千古罪人：朝廷斥责他办事不力，免去了他的显赫职务；国人斥之为卖国贼；民间则传说他拿了日本人的银子，甚至有人公开声明要不惜一切杀掉他以雪"心头奇耻大辱"。而在这同时，关于李鸿章的很多与洋人有关的逸事不胫而走，比如：李鸿章可能是第一个到国外去看足球比赛的中国人，并且对这些人把一只球踢来踢去，跑得满头大汗感到匪夷所思；李鸿章在国外的公共场所随地吐痰；当客轮驶往美国的途中，李鸿章在船上对每一位他见到的美国人都问这样的

李鸿章

三个问题：你是做什么的？你能挣多少钱？你住得离纽约近吗？李鸿章不顾礼仪用手撕烤鸡吃，主随客便的英国人从此翻开了吃鸡时可以不用刀叉、直接动手的新篇章；李鸿章让厨子用下脚料做的杂碎成了宴老外的一道名菜……这些传说，有的像是在耻笑李鸿章的不谙西洋风情，有的则像是赞扬李鸿章与洋人打交道时的雍容和机智。其实，很多事情都可以从不同的角度来理解，对李鸿章这个人也同样如此。

首先，我们应该看到，由李鸿章出面签署那些条约，并不等于就应该由李鸿章来承担全部责任。清朝的全体军机大臣曾经给皇帝上过一份奏折，里面说："中国之败全由不西化之故，非鸿章之过"，曾令李鸿章老泪纵横。这句话里面也的确包含着合理成分。尽管李鸿章在清朝的外交活动中起着至关重要的作用，有些时候，"每当聚议时，一切辩驳均由李鸿章陈词；所奏朝廷折电，概出李鸿章之手。"但他毕竟只是大清朝的马前卒而已。中日甲午战争后，面对日本人割让辽东、台湾、澎湖，赔款军费 3 亿两白银的"要价"，朝廷在给李鸿章的电报中均是模棱两可的"着鸿章酌量办理"。李鸿章考虑，如果采取强硬的态度和立场，就会导致中日战争继续扩大，而以清朝当时的军事力量，战争的结果只能是整个东北的沦丧；如果答应日本人的条件，清政府的主权和财产也会遭到巨大的损失。李鸿章在无可奈何的情况下选择了后者。如果说，签署《马关条约》，是朝廷把难题推给了李鸿章；那么，在与八国联军签署"议和大纲"的时候，朝廷给了李鸿章明确指令的："敬念宗庙社稷，关系至重，不得不委曲求全。"1901 年 1 月 15 日，李鸿章和庆亲王代表大清国在"议和大纲"上签字。沉重的罪孽立刻又加到李鸿章的头上："卖国

者秦桧，误国者李鸿章！”1901年9月7日，李鸿章代表清政府与11国签订了中国近代史上著名的不平等条约《辛丑条约》，而在此之前，朝廷也是发过“应准照办”的回电的。作为一个弱势群体的代表去和犹如“虎狼群”的列强周旋，这实在不是一份好差使。生逢大清国最黑暗、最动荡的年代，李鸿章的每一次“出场”无不是在国家存亡危急之时，大清国要他承担的无不是“人情所最难堪”之事。李鸿章有时真不想再卷入这种尴尬的境地。1896年，俄国沙皇加冕，各国派员祝贺，朝廷派出去的又是李鸿章。李鸿章以在马关被刺为由一再推辞，而朝廷一再坚决不准，直到李鸿章表示“非敢爱身，惟虞辱命”，“一息尚存，万程当赴”。八国联军入侵的时候，朝廷的电报一封接一封地到达南方，要求李鸿章北上与正在攻打这个国家的洋人议和。朝廷为此将李鸿章由两广总督重新调任为清政府封疆大臣中的最高职位：直隶总督兼北洋大臣。而慈禧的最后一纸任命是：“着李鸿章为全权大臣。”每当满清政府把这个巨大的帝国带到毁灭的边缘，他们唯一必须启用的人就是李鸿章，对国家来说，这真不知是幸还是不幸；但对李鸿章本人来说，却几乎就是不幸。

其次，作为大清外交重臣，李鸿章较早也较多接触外国的人、事、物，他给朝廷的奏章中曾经很客观地描述过蒸汽机的运作原理，说明他对外国的科学技术有极大的兴趣，在此基础上，他提出了一些具有发展眼光的看法和做法，创出了中国的不少第一：

中国第一个近代军工企业　李鸿章利用富绅的银两引进洋人的机器设备，在上海创办了上海洋枪三局。他造武器，毫无疑问，不论是政治目的还是经济目的，都是为着巩固清政府。比如，在政治上，他是从镇压太平军的过程中获得的灵感；在经济上，他算的是"肥水不外流"这笔账。但这的确是中国近代史上第一个军工企业。

中国第一条电报电缆线　在李鸿章的支持下，从大沽口到天津城铺设了中国第一条电报电缆线。而当时朝野上下的很多人还沉浸在风水之说中，生怕电缆线在地下横冲直撞，会断了"地脉"。

中国第一个电报公司　随着电报电缆线的铺设，由清政府投资，成立了李鸿章称之为"官督商办"的、以赢利为目的的电报公司。

中国第一家民营轮船公司　清中叶以后，由于京杭运河淤塞，朝廷南北货物的调运部分改为海路，李鸿章抓住时机，督办创立了"招商局轮船公司"。它承揽了朝廷"官物"运输一半的运量，而其随后展开的客运业竟挤垮了英美合办的旗昌公司。

由于李鸿章的主持和参与，洋务派创办了中国近代第一条铁路、第一座钢铁厂、第一座机器制造厂、第一所近代化军校、第一支近代化海军舰队……

再次，自 1840 年英国人用舰炮打开中国的国门以后，中国人沿海岸修筑的所有整齐对称的炮台和花费巨银买来的位居世界第六的舰队，没有一次阻挡住"蛮夷"的入侵，身为战败一方的代表，李鸿章没有或者说的确无法做出为国争光的事，但他毕竟是清政府重要的外交官员——清朝没有"外交"的概念，所有的外事统统归于"洋务"，洋务运动的首领李鸿章不可避免地成为了清政府当然的"外交家"，并且在国际上确立了自己的影响。每一次在国家面临危机的时候，出来收拾残局的总是李鸿章。1901 年 11 月 7 日，李鸿章在屈辱和病痛中辞世。李鸿章一死，大清上下就失去了唯一能够与洋人周旋的人。所以李鸿章的死，令“太后及帝哭失声”，大清国犹如“梁倾栋折，骤失倚侍”。梁启超在《李鸿章传》中称李鸿章为数千年中国历史上一人物，19 世纪世界历史上一人物；表示“敬李鸿章之才”“惜李鸿章之识”“悲李鸿章之遇”。李鸿章的外交生涯也让西方人知道了中国有个“相貌堂堂”且“矜持、自信和傲慢”的李中堂，甚至洋人只知有李鸿章而不知有朝廷。日本人对李鸿章的评价是：知西来大势，识外国文明，想效法自强，有卓越的眼光和敏捷的手腕。美国人的评价是：以文人来说，他是卓越的；以军人来说，他在重要的战役中为国家作了有价值的贡献；以从政来说，他为这个地球上最古老、人口最多的国家的人民提供了公认的优良设施；以一个外交家来说，他的成就使他成为外交史上名列前茅的人。

胡适没有说过这样的话

胡　适

胡适是现代中国的重要学者，五四新文化运动中的著名人物，曾任北京大学教授、校长。20 世纪 50 年代，胡适遭到了严厉的政治批判。在这场批判运动中，有一句话广为流传，那就是胡适说的："历史是个任人打扮的小姑娘。"历史可以"任人打扮"，成了胡适唯心主义历史观的罪证。但近来却有学者站出来证明：胡适从来就没有说过那样的话。那句话是由另外的话变化过来的，而且与胡适的原意恰好相反。

这句话出自胡适的名文《实验主义》，是胡适当时的一个长篇演讲稿，最初发表在《新青年》上，是胡适介绍詹姆士的实在论哲学思想时说的。原话是："实在是我们自己改造过的实在。这个实在里面含有无数人造的分子。实在是一个很服从的女孩子，他百依百顺的由我们替他涂抹起来，装扮起来。实在好比一块大理石到了我们手里，由我们雕成什么像。”（《胡适作品集》第四集，台湾远流出版公司，1986 年 10 月）也就是说，胡适在阐释对“实在”的理解的时候，用了两个比喻：一是把“实在”比作很服从的女孩子；一是把“实在”比作由人雕刻的大理石。但不知为什么，后一个比喻鲜为人知，前一个比喻却在被篡改后弄得几乎尽人皆知。说它被篡改，是因为胡适原话是讲哲学的，与历史毫无关系。但这句话在很长时间内却变成了胡适评价历史的一个基本态度。好多人写文章一上来就是胡适说过，“历史是个任人打扮的小姑娘”。

造成这种情况，大概有两个原因。一个原因是：20 世纪 50 年代批判胡适的时候，好多人并不是不知道这句话的原意，但多数作了故意的曲解。还有一个原因则是以讹传讹。

冯友兰在批判胡适运动中写了一篇批判文章，题为《哲学史与政治——论胡适哲学史工作和他底反动的政治路线底关系》。其中有一段说：“实用主义者的胡适，本来认为历史是可以随便摆弄的。历史像个‘千依百顺的女孩子’，是可以随便装扮涂抹的。”（《胡适思想批判》第六集 81 页，三联书店，1955 年 8 月）对于这段话，我们可以理解为冯友兰并没有蓄意篡改胡适的话。就在这本《北京大学图书馆藏胡适未刊书信日记》（北京大学图书馆编，清华大学出版社 2003 年 6 月）中还收有一封 1934 年 6 月 20 日冯友兰给胡适的信，信写得极为客气，对胡适充满敬意。他是在批判胡适的历史观的时候，把胡适在阐述哲学概念时所用的比喻拿来用了一下，用以形容胡适的历史观。但是，对当时的许多普通人来说，他们了解胡适，不是通过阅读胡适的著作（那时胡适的著作已不可能在中国大陆公开出版了）。他们只能通过那些批判胡适的文章来认识胡适，于是，一个谎言就在你抄我传中诞生了。

其实，胡适是很实事求是的人，他对历史的态度非常认真，最提倡说话要有证据。他怎么会说出那样的话呢？但在批判运动中，人们是不敢也不愿意去搞清真实情况的。

再者说，如果用现代的历史观来看问题，“历史是个任人打扮的小姑娘”这个陈述也不见得没有道理。

首先，历史是有事实根据的客观存在，有它质的规定性，它就是个“小姑娘”，而不是老太婆，更不是男子汉。其次，这个客观存在在被描述的时候，往往会被描述者加以浓重的主观色彩，那就是对历史的“打扮”。历史在被描述的时候是无语的，的确像个很服从的小姑娘。鲁迅在《狂人日记》中就曾这样来描述历史：“我翻开历史一查，这历史没有年代，歪歪斜斜的每叶上都写着‘仁义道德’几个字。我横竖睡不着，仔细看了半夜，才从字缝里看出字来，满本都写着两个字是‘吃人’！”你看，同样的一段历史，不是既可以被写成“仁义道德”，也可以被写成“吃人”吗？这不就是对历史这个“小姑娘”的“打扮”吗？美国学者菲利普·巴格比在其专著《文化：历史的投影》中还专门论述过历史的这种多重可能性。不过，学术争辩是争辩，事实是事实，这两者倒是应该截然分清楚的。

图书在版编目(CIP)数据

历史上没整明白的那些事 / 王意如著. —上海：文汇出版社，2014.11
ISBN 978-7-5496-1279-6

Ⅰ.①历… Ⅱ.①王… Ⅲ.①中国历史—通俗读物
Ⅳ.①K209

中国版本图书馆 CIP 数据核字(2014)第 223595 号

历史上没整明白的那些事

作　　者 / 王意如

责任编辑 / 陈今夫
封面装帧 / 陆震伟

出版发行 / 文匯出版社
上海市威海路 755 号
(邮政编码 200041)
经　　销 / 全国新华书店
排　　版 / 南京展望文化发展有限公司
印刷装订 / 江苏省启东市人民印刷有限公司
版　　次 / 2014 年 11 月第 1 版
印　　次 / 2014 年 11 月第 1 次印刷
开　　本 / 890×1240　1/32
字　　数 / 150 千字
印　　张 / 7.5
ISBN 978-7-5496-1279-6
定　　价 / 25.00 元